평신도를 위한

추모예배 설교

평신도를 위한

추모예배 설교

최무남 지음

들어가는 말

"내가 그들에게 복을 내리고 내 산 사방에 복을 내리며
때를 따라 소낙비를 내리되 복된 소낙비를 내리리라" 【겔 34:26】

주를 믿고 의지하는 하나님의 사람들에게 복을 주시되 소낙비 같이 쏟아 부어주시는 하나님의 말씀은 영의 양식으로, 이것이 보물 창고처럼 쌓여 있는 것이 곧 하나님의 말씀인 성경입니다.

에스겔 선지자가 바라본 이 세상은 모든 영혼이 메말라서 생명들이 살아서 숨 쉬는 모습을 볼 수가 없었습니다. 이 대지 위에서 살아 가는 영혼들의 모습은 영적으로 병들어 있고, 저 생명들의 영혼은 마치 사하라 사막과도 같은 병든 영혼, 시들은 영혼이어서 그들을 보시는 하나님은 이슬비나 가랑비로는 메마른 영혼들에게 만족함을 줄 수가 없었기에 소낙비 같은 축복의 단비를 내려 주시는 것이 아닌가 생각이 됩니다.

"한국 전통명절" 예배라고 말하지만 한국적인 것이 무엇이 있습니까? 주어진 말씀으로 생명의 양식을 우리 모두의 것으로 만들 수 있는 믿음을 허락하셔서 그 말씀을 우리들의 입맛에 잘 맞게 먹기도 하고 맛을 보고 소화해서 영의 양식으로 요리해 먹을 수 있는 특권을 주셨다는 사실에 대해 그저 하나님께 감사할 따름입니다.

성경 말씀은 하나님께서 우리에게 주신 하늘 양식이므로 이 양식으로 하늘의 시민권자인 성도들의 영혼이 튼튼하게 살지게 된다면 더 이상 바람이 없습니다. 과거에 '장례 추모 설교'라는 제목으로 책을 출간했더니 쉽고 핵심이 요약되어 현장에서 바로 활용할 수 있는 책을 요청해 오신 분들이 계시기에 서투른 문장으로나마 정리해 보았습니다. 이 작은 소책자가 추모예배를 드리는 모든 분들에게 다소나마 도움이 되었으면 합니다. 아울러 우리 모두의 것으로 생각하고 많이 사랑해 주시기를 부탁드립니다.

이 소책자가 나오기까지 애써주시고 아름다운 책으로 엮어주신 예루살렘 출판사에 감사드립니다. 이 책을 소유하실 모두가 소낙비와 같은 축복을 체험하시기를 기도합니다. 그리고 하나님의 은혜 속에서 모두에게 건강과 행복이 함께 하시기를 소망합니다.

2012년 추석을 앞두고
최 무 남 올림

목차

들어가는 말 • 4

제1장 설 명절 • 12

1. 설 명절 행사를 살펴봄 • 13
2. 개선해서 지켜야 하는 기독교 문화 • 14
3. 큰 명절 설날 • 15

설 명절 설교

① 네 부모를 공경하라(엡 6:1~3) • 19
② 복 있는 사람이 됩시다(시 1:1~3) • 23
③ 다윗의 유언(왕상 2:1~3) • 26
④ 나그네 인생(벧전 2:11~12) • 30
⑤ 의인의 자손(시 144:12~15) • 34
⑥ 가장 행복한 자(시 16:5) • 38
⑦ 여호와를 앙망하는 자(사 40:31) • 42
⑧ 야베스의 기도(대상 4:10) • 46
⑨ 새 사람을 입으라(엡 4:22~24) • 49
⑩ 꾸어주고 꾸지 않는 축복(신 15:4~5) • 53

제2장 추석 명절 • 57

1. 추석 명절의 기원 • 57
2. 전통적인 추석 명절 • 57
3. 추석 명절에 대한 그리스도인의 자세 • 58
4. 추구할 거룩한 행진 • 59

추석 명절 설교

① 나가도 들어가도 받는 축복(신 28:1~6) • 62
② 다윗의 집과 사울의 집(삼하 3:1) • 66
③ 나는 어떻게 살아가야 합니까?(살전 4:16~17) • 70
④ 주님을 주인으로 모신 가정(잠 8:35) • 74
⑤ 계명을 지킴으로 얻어지는 복(시 112:1~3) • 78
⑥ 영생의 소망(요 6:37) • 82
⑦ 겸손과 여호와를 경외하는 보상(잠 22:4) • 85
⑧ 현숙한 여인처럼(잠 31:10~12) • 89
⑨ 행복한 삶(전 3:11) • 93
⑩ 추모 예배(시 25:13~15) • 97

〈알아두기〉
예배의 정의 ● 102

제3장 성묘 ● 108

1. 성묘 ● 108
2. 손양원 목사님의 전도일지 ● 110
3. 주기철 목사님의 장례식 ● 110

성묘설교
① 빈 손으로 가는 인생(욥 1:21) ● 113
② 아버지의 축복 계승(창 9:20~23) ● 117
③ 인생의 발자취(히 11:4) ● 121
④ 사망을 폐하신 하늘의 권세(딤후 1:10) ● 125
⑤ 귀히 쓰이는 그릇(딤후 2:20~21) ● 129
⑥ 나오미의 남편 엘리멜렉이 죽고(룻 1:3) ● 133
⑦ 전도인의 직무를 다하라(딤후 4:7~8) ● 137
⑧ 세속주의를 멀리하라(약 4:8~10) ● 141
⑨ 수직적인 선교의 열매들(창 12:2~3) ● 145

제4장 **제사와 예배** • 150

1. 제사(기독교식 예배)의 기원 • 150
2. 조상 숭배제도와 제사 문화의 문제점 • 152
3. 민간에서의 제사 • 156
4. 추모식 예배에 대한 바람 • 158
5. 웨스트민스터 예배 모범 • 160
6. 추모예배는 두 차례만 드립니다 • 161
7. 유전으로 알려진 명절 의례 • 163

추모식의 목적

고인의 추모예배는 그 목적이 어디에 있습니까? 대체로 그 목적은 네 가지 정도로 생각해 볼 수 있습니다.

첫째는, 앞서 가신 그분께서 어떻게 사셨는지, 그분의 살아온 삶의 날들을 회고해 보는 시간으로 가져야 합니다.
둘째는, 고인의 삶을 통해서 우리에게 주신 삶의 교훈이 무엇인지를 생각하는 시간이 되어야 합니다.
셋째는, 지금까지 우리들의 삶과 생활이 고인께서 주신 교훈대로 살아오고 있는지 되돌아보는 시간이 되어야 합니다.
넷째는, 우리가 지금부터 예수님을 만나는 시간까지 올바르게 살아갈 수 있도록 결심하며 기도해야 합니다.

추모예배를 드리는 데에 이 네 가지는 중요한 의미가 있습니다. 모세는 이스라엘 백성에게 긴 설교를 하면서 다음과 같이 교훈했습니다. "이스라엘아 들으라. 우리 하나님 여호와는 오직 유일한 여호와이시니 너는 마음을 다하고 뜻을 다하고 힘을 다하여 네 하나님 여호와를 사랑하라"(신 6:4~5). 이처럼 우리도 주님의 말씀을 지켜나가고 또 후손들에게도 부지런히 가르쳐서 추모 예배를 통해 선조들이 뿌린 믿음의 열매들을 많이 거두시기를 축복합니다.

제1장

설 명절

우리나라는 달력을 양력과 음력으로 동시에 사용하고 있습니다. 1월 1일은 양력으로 계산할 때에는 분명히 새해이기는 하지만 무엇인가 부족함을 느끼게 하는데 그 이유는 전통적으로 모든 명절은 음력을 사용하고 있기 때문입니다. 그래서 설이라 함은 음력 1월 1일을 말합니다. 그러므로 이 날을 원단(元旦)이라고도 합니다. 더 나아가서 세수(歲首), 세시(歲時), 세초(歲初)라고도 하고 그 외에도 년 수, 년시라고도 합니다.

이 설을 기점으로 우리의 나이가 한 살을 더 먹습니다. 이 같은 우리나라 전통 풍습에 의하여 한 살씩 더 먹는다 하고 해가 바뀌었다 하여 새날 아침 일찍 일어나 쌀로 떡을 빚고 고기를 익혀 떡국을 끓여 먹습니다.

원시 농경 사회에서부터 우리의 선조들은 올 한 해도 풍작을 이루고 평안하기를 바라는 마음으로 천신(天神)과 조상신에게 축복을 비는 풍속을 문화로 갖고 있었습니다. 이렇게 한 해를 새롭게 맞이하는 설 명절은 하늘의 축복을 받기 위해 고운 옷으로 곱게 단장하고, 깨끗한 새 옷을 지어 입고 경건하게 지냅니다. 매사에 조심하며 다양한 민속놀이와 함께 마을의 어르신들에게 세배를 올리고 어르신들이 주는 세뱃돈을 받으며 덕담으로 서로 축복하며 새해를 열어갑니다.

누구나 이 날만은 민족의 정신에 살아 있듯이 인심도 후하여 어느 집이나 음식을 푸짐하게 차려주며 배불리 먹고 마시게도 합니다. 이처럼 우리 민족의 전통들이 물이 흐르듯 오래도록 내려와서 정착되고 문화가 되어 오늘날까지 설 명절로 지키고 있습니다.

1. 설 명절 행사를 살펴봄

첫째는 떡과 맛있는 떡국을 준비하고 전과 나물들을 장만하여 서로 대접합니다. 그것이 우리 민족의 미풍양식입니다. 한 해를 새로운 마음가짐으로 갖고 타인에게 빚이 남아 있으면 청산하여 주며 홀가분한 마음으로 새해를 맞이합니다.

둘째는 아침 일찍 조상의 산소를 찾아가 큰절을 하고 집안 어르신들에게 세배하며 용돈도 받고, 오후에는 이웃 어르신들을 찾아뵙고 세배하며 즐겁게 지내는 것이 우리의 고유의 풍속입니다. 그러나 이제는 이런 좋은 풍속들이 점점 사라지고 개인주의가 팽배해져 가며 후한 옛 인심들이 사라지는 것 같아 아쉬움은 남지만, 크리스천들은 이런 물질문화에 동화되지 않게 조심하면서 믿음을 지켜나가는 것이 가장 이상적인 처신이라 생각됩니다.

셋째로 전통적 제례(制禮, 제사)의 문화는 우리 기독교인들에게 신앙적으로 많은 어려움을 가져 왔었는데 고(故) 박정희 대통령이 집권하던 시절에 배고픈 서민들을 생각해서 "가정의례 준칙"이라는 제도를 발표하여 제례의 문화를 축소했고, 번거로운 절차들을 삭제하고 간소화시켜 개선이 많이 되었다는 것은 그나마도 다행스러운 일이 아닐 수 없습니다.

2. 개선해서 지켜야 하는 기독교 문화

이스라엘 문화가 기독교 역사 속에서 내려왔다면 우리나라의 전통 문화는 유교 문화에서 우리의 역사 속으로 흘러 왔습니다. 기독교는 하나님을 섬기는 문화인데 반해 우리 민족 문화는 우상을 섬기는 샤머니즘적 요소가 많은 것이 큰 차이점을 보여주고 있습니다. 따라서 우리는 이 문제를 안타까워할 것이 아니라 계속해서 개선해 나가며 새로운 기독교 문화로 정착시키며 만들어가야 할 것입니다. 그러기 위해서는

첫째, 우리는 창조주 하나님을 모신 믿음의 가정임을 자부하면서 이질적 문화의 모순점을 발견했다면 예레미야 선지자가 동족의 죄를 대신하여 회개하며 눈물을 흘린 것처럼 우리의 우상 숭배를 대신 회개해야 합니다. 또한, 전통적인 민족 문화에서 기독교의 정신에 부합되는 것은 살려 지켜나가야 할 것입니다.

둘째, 우리는 조상의 묘를 찾아 차례 상을 차려 놓고 추모하는 것에 앞서 세상에 남아 있는 가족들이 하나님의 계명과 믿음의 약속들을

지키며 앞서 가신 선조의 믿음을 생각하고 그 믿음을 유지해 가야 할 것입니다. 또한, 후손들에게는 이 믿음을 세상 끝날까지 지켜나가도록 당부하고 더 큰 믿음으로 개선시켜 나가야 할 것입니다.

모세를 통해서 우리에게 내려 주신 하나님의 말씀을 살펴보시겠습니다. "오늘 내가 네게 명령하는 여호와의 규례와 명령을 지키라 너와 네 후손이 복을 받아 네 하나님 여호와께서 네게 주시는 땅에서 한 없이 오래 살리라"(신 4:40). 이 말씀은 이스라엘 백성에게만 주신 말씀이 아니며 오늘 우리도 영적인 이스라엘 백성이 되었기에 함께 지켜야 할 규례요 명령입니다.

3. 큰 명절 설날

우리나라의 전통 제례 문화는 1년 동안에 약 47회의 제사를 모시게 하고 있습니다. 이 제사 문화는 우상의 문화요, 유교적 샤머니즘의 문화입니다. 그러나 '가정의례 준칙' 이라는 제도로 개선되어 가난한 민족으로서 술 문화를 자제하고, 근면, 성실, 정직이라는 민족 개혁의 차원에서 시작한 큰 개혁은 기독교에서 환영했던 사건이기도 합니다. 그 때문에 복잡한 제례(祭禮) 절차가 대폭 간소화되어 고인의 사망한 날에는 기제(忌祭)를 드리고, 음력 8월 15일 추석 아침에는 절사(節祀)를 드리고, 설날 아침에는 연시제만 허용했던 것입니다.

또한 제례는 2대까지만 제한하고 있었기에 할아버지, 할머니, 어머니 등의 기제 4번과 설날 아침과 추석 명절날 한 차례씩으로 합쳐서 총 6회의 제사로 한정시켰습니다.

정월 초하루 날이나 추석날 조상께 드리는 제사를 차례 또는 다례(茶禮)라고 하는데 이는 간단한 약식 제사로서 간소화 시킨 것입니다. 또 기일에 드리는 제사는 밤중에 드리지만 다례는 아침이나 낮에 드리는 것입니다. 이 다례는 매달 초하루 날, 보름 날, 추석에 드렸는데 이는 우리 민족이 헛된 허례허식이 얼마나 많이 있었는지를 보여 주고 있으며, 어리석은 풍속에 젖어 들어서 살아온 민족 문화임을 잘 나타내고 있습니다.

이와 같은 전통 제례 문화를 우리는 모두 배제시켜야 합니다. 또 조부모나 부모님의 기일에는 추도예배로 추모하지만 설날이나 추석은 어떠해야 합니까?

한국의 개신교에 가장 큰 문제로 대두된 것은 조상의 제사 문제였고, 또한 제사를 제한해 왔으므로 제사라는 용어부터 사용하지 않고 기피해 왔습니다. 구약시대에도 제사 의식이 많이 있었고 짐승을 잡아서 하나님께 제사를 드렸습니다. 그러나 그 의미와 의도는 전혀 우리의 전통적 제사와 다른 것이었으며, 그 제사의 중심은 예수님께서 이 땅에 오셔서 속제의 제물로서 희생 제사를 드렸던 것을 예표하는 것입니다. 그 이후에는 형식적인 제사 의식은 다 폐지되고 경건하게 예배만 드리게 된 것입니다.

우리의 문제는 하나님의 위치에 견주어 조상을 모시는 행위는 바로 우상 숭배이기 때문에 이런 모든 행위를 개신교에서는 추모나 추도예배를 2회까지만 제한했던 것입니다.

개신교에서 드리는 추모 예배에도 당사자들의 정신과 믿음의 행위를 기념하고, 정월 초하루 날이나 추석날 아침에 드리는 예배도 조상의 뿌리를 생각하는 모임이 될 수 있으므로 가족 전통에 따라 형제자매들의 친교의 정신으로 모이되 주님을 기쁘게 하는 모임으로 발전해 나갈 수 있기를 간절히 바랍니다.

물론 현대의 핵가족 제도에서 모임의 성격이 점점 희석되어져 가고 있기는 하지만 근본적으로 우리는 내세에 큰 소망이 있기에 오직 믿음으로 하나님을 기쁘게 하는 모임이 되시기를 간절히 소망해 봅니다.

우리는 이 같은 여러 종류의 모임이나 행위가 하늘과 땅의 주인 되시는 예수 그리스도 안에서 드리는 예배가 되어야 할 것입니다. 이때 드려지는 예배는 하나님의 계명과 믿음의 약속 안에서 앞서 가신 그분들의 소중한 믿음의 정신을 살리며, 이 땅에서 우리 후손들에게 남겨주신 믿음의 씨앗을 마음속 깊이 새기는 마음이 되어야 하겠습니다.

"네가 네 하나님 여호와의 말씀을 청종하면 이 모든 복이 네게 임하며 네게 이르리니 성읍에서도 복을 받고 들에서도 복을 받을 것이며 네 몸의 자녀와 네 토지의 소산과 네 짐승의 새끼와 소와 양의 새끼가 복을 받을 것이며 네 광주리와 떡 반죽 그릇이 복을 받을 것이며 네가 들어와도 복을 받고 나가도 복을 받을 것이니라"(신 28:2~6)라고 성경은 복 받는 비결을 일깨워 주고 있습니다. 우리들에게 하신 이 말씀들을 삶과 생활 속에서 실천할 때 놀라운 축복이 우리에게 넘치며 풍성하게 채워지리라 믿습니다.

〈설날 예배 순서〉

개 회 사…부모 형제자매 여러분들이여 가장 큰 명절인 설을 맞이하여 하나님께 감사의 예배를 드리게 됨을 기쁘게 생각합니다. 아울러서 믿음의 가문을 이어갈 수 있도록 허락하신 하나님의 은혜를 감사합니다.

신앙 고백 ················· (사도신경) ················ 다 같 이

찬　　　송 ······ 28장(통28장), 551장(통296장) ······ 다 같 이

대표 기도 ··· 가족 중에서

특　　　송················· (가족 중에서) ················생략 가능

말　　　씀 ······복 있는 사람이 됩시다(시 1:1~6)····· 인 도 자

(말　　　씀 ············ 다윗의 유언(왕상 2:1~3) ········ 둘 중 선택)

축　　　도 ················ (주기도문) ················ 인도자/다같이

- 광고 - 명절이라 준비한 음식들로 가득할 것입니다. 가족 모두가 모처럼 모임을 가진 축복의 자리이므로 즐거운 가족 모임이 되도록 최선을 다해야 할 것입니다. 명절을 허락하신 것도 하나님의 은혜임을 믿고 모처럼의 자리를 빛나게 합시다.

• 설 명절설교 1 •

네 부모를 공경하라

♬찬송 : 28(통28), 559(통305), 438(통495)

"자녀들아 주 안에서 너희 부모에게 순종하라 이것이 옳으니라
네 아버지와 어머니를 공경하라 이것은 약속이 있는 첫 계명이니
이로써 네가 잘되고 땅에서 장수하리라"(엡 6:1~3)

오늘은 역사적으로 우리 민족에게 내려온 가장 큰 명절인 설날입니다. 옛 풍속에는 음력 정월 한 달을 부모님의 은혜를 감사하는 달로 지키기도 합니다. 돌아가신 부모님에게는 다례를 지내고, 살아 계신 부모님에게는 세배를 올리는 날이기도 합니다. 성경의 십계명에도 효도 정신을 강조하고 있지만, 동서고금을 막론하고 부모에 대한 자녀의 효도 사상이 특별히 강조되어 온 우리나라에서는 유독 가부장적 제도 속에 더욱 가속화 되었습니다.

이 같은 효의 사상이 부모에 대하여 자녀는 절대적으로 복종하게 함으로써 전통을 이어가게 했습니다. 그러나 지금은 신세대들이 서구문화를 흡수하면서 전통적인 가부장적 제도가 많이 완화되어가고 있는

데 이것이 첫째는 조상에 대한 무관심으로, 둘째는 살아 계신 부모에 대해 효도하려는 생각이 부족함으로 이 사회에 팽배해졌습니다. 성경이 말하는 진정한 효도는 무엇입니까?

1. 주 안에서의 효도입니다

우리나라의 효도관은 자녀의 부모에 대한 절대적 순종을 강조하고 있습니다. 그러나 우리는 성경에 '주 안에서' 라는 표현에 주의를 기울여야 합니다. 진정한 효도는 주님 안에서, 주님의 뜻에 맞는 효도입니다.

"너희는 이르되 사람이 아버지에게나 어머니에게나 말하기를 내가 드려 유익하게 할 것이 고르반 곧 하나님께 드림이 되었다고 하기만 하면 그만이라 하고"(막 7:11)라고 주님은 말씀하셨습니다.

마가복음 7장 11절부터 13절은 하나님께 드리는 봉사의 행위를 핑계 삼아 효의 정신을 어지럽게 하는 바리새인들의 사상을 책망하신 예수님의 교훈이 그대로 새겨져 있습니다. 부모에 대해 자녀의 효도가 입술로만 '고르반' 이라 하여 핑계대는 일을 지적한 것입니다. 예수님께서는 어떤 경우에라도 부모님에게 드리는 효의 사상을 인간의 잘못된 유전으로 합리화할 수 없다고 하셨습니다.

2. 효도는 하나님의 계명입니다

부모에 대한 효도는 해도 되고 안 해도 되는 것이 아니라 하나님의 계명(명령)이라고 한 말은 보다 철저하게 지켜 행하는 것이 기본이 되어야 하는 것으로서 이것이 하나님의 뜻임을 강조하고 있습니다. 말씀대로라면 성도는 누구든지 반드시 효를 실천해야 한다는 결론이 나옵니다. 하나님을 섬기는 성도로서 효에 대한 문제를 심각하게 생각하지 않는다면 그것은 위선이라고 할 수 있습니다. 이 효는 하나님의 영광을 들어내는 가장 우선되는 덕목이기에 바울은 약속 있는 첫 계명이라고 가르쳤습니다.

근본적으로 효도는 순종하면서 부모님의 마음을 근심되게 하지 말고 자식의 도리를 다하여 기도하며 부모님의 마음을 읽을 수 있어야 합니다. 정성 없는 밥 한 그릇 대접하는 것보다 부모님의 마음을 기쁘게 하는 것이 더욱 중요합니다.

3. 효도는 축복의 근원입니다

사도 바울은 본문 3절에서 "이로써 네가 잘되고 땅에서 장수하리라"라고 말하고 있습니다. 십계명에 근거한 이 말씀을 성도들은 심도 있게 새겨들어야 합니다. 출애굽기 20장 12절의 십계명도 부모를 공경하는 자에게 생명이 길고 복을 누린다고 말씀하고 있습니다. 또 다른 곳에서도

"너는 네 하나님 여호와께서 명령한 대로 네 부모를 공경하라 그리하면 네 하나님 여호와가 네게 준 땅에서 네 생명이 길고 복을 누리리라"(신 5:16)고 했습니다. 이 복은 단순하게 이 땅에서 부귀와 영화를 누린다고 한 것이 아니라 하나님께서 허락하신 모든 형통한 복을 누리는 것을 말하고 있습니다. 시편 기자도 같은 말을 합니다.

"그는 시냇가에 심은 나무가 철을 따라 열매를 맺으며 그 잎사귀가 마르지 아니함 같으니 그가 하는 모든 일이 다 형통하리로다"(시 1:3).

이 같이 성경은 효도하는 사람에게 형통한 복을 약속하고 있습니다. 이처럼 계명을 잘 지키며 순종하는 사람은 온유한 사람이요, 땅을 기업으로 얻는다고 하는 주님의 말씀을 기억합시다. 이것이 신실한 성도의 자세입니다.

기도

축복의 하나님! 우리 가정에 믿음의 복을 허락하신 하나님께 감사와 찬양을 올립니다. 만물이 잠들어 있는 이 계절에 영원한 생명을 우리에게 주신 하나님 아버지께 감사를 드립니다. 만물이 잠들어 있지만, 우리의 영혼들은 깨어서 기도하는 가정, 말씀대로 사는 가정, 주님을 기쁘게 하는 가정이 되기를 원합니다.

우리 가문, 우리 가정에서 민족 앞에 복음의 증인으로 살아갈 수 있는 증인들이 많이 배출되기를 소원합니다. 또한, 민족의 등불이 되게 하옵소서.

그리스도의 평강이 온 누리에 넘쳐나기를 예수님의 이름으로 기도드립니다. (아멘)

• 설 명절설교 2 •

복 있는 사람이 됩시다

♬찬송 : 212(통347), 314(통511), 435(통492)

"복 있는 사람은 악인들의 꾀를 따르지 아니하며 죄인들의 길에 서지 아니하며
오만한 자들의 자리에 앉지 아니하고 오직 여호와의 율법을 즐거워하여 그의 율법을
주야로 묵상하는도다 그는 시냇가에 심은 나무가 철을 따라 열매를 맺으며
그 잎사귀가 마르지 아니함 같으니 그가 하는 모든 일이 다 형통하리로다" (시 1:1~3)

복이란 말의 원래 뜻은 '무릎을 꿇다', '하나님께 복을 구하다' 라는 뜻입니다. 하나님께 무릎을 꿇는 자는 하나님을 경외하는 자입니다. 따라서 하나님은 이런 자에게 축복하십니다.

그리고 신약성경에 나타난 복에는 '여호와를 앙망하다', '축복을 빌다', '찬양하다', '행복을 주다', '번성하게 하다' 라는 뜻이 있습니다.

복이라 함은 우리가 쉽게 생각하는 육적인 복이 있는가 하면 고귀한 영적인 복도 있습니다. 성경의 육적인 복이란 "생육하고 번성하여 땅에 충만하라" (창 1:28)는 물질적인 복을 말하며, 영적인 복으로는 "영생의 복" (눅 10:25), "구원의 복" (슥 8:13), "천국의 복" (마 5:3)을 말씀해 주고 있습니다. 본문의 시편 기자가 말한 복은?

1. 소극적인 복입니다

성도가 조심하여 금할 때 얻어지는 소극적인 복으로는 세 가지를 지켜야 합니다.

첫째는, 악인의 꾀를 따르지 말아야 합니다. 사람이 하는 일마다 죄만 짓는다면 그 같은 사람은 인생살이를 부끄럽게 사는 것입니다. 성도는 이런 자를 좇지 말아야 합니다.

둘째는, 죄인의 길에 서지 말아야 합니다. 성도는 생각과 사고와 가치관이 항상 하나님 편에서만 생각하는 자로서 이 같은 사람이 복 있는 사람입니다.

셋째는, 오만한 자의 자리에 앉지 말아야 합니다. 이것은 생각하는 모든 것이 자기 위주의 삶을 사는 자로 세상의 욕망에 사로잡히면 안 되는 것을 말합니다.

이 세 가지는 항상 자신을 돌아보며 지켜나가야 하는 하나님의 명령임을 기억합시다.

2. 적극적인 복입니다

이것은 성도가 신실히 행할 때 얻어지는 복입니다.

첫째는, 여호와의 법을 즐거워해야 합니다. 이 말씀의 특징은 하늘로부터 들려오는 말씀을 기뻐하고 즐거워하며 최선을 다해 지켜나가야 할 뿐 아니라, 인간은 연약하기에 지키려고 노력만 해도 하나님께서 기뻐하시고 복을 허락하시는 것을 말합니다.

둘째는, 율법을 주야로 묵상해야 합니다. 이 말씀은 하나님의 뜻을 깨닫고 기뻐함으로 하나님을 섬기는 자세를 말합니다. 새해 설을 맞이하여 이른 아침에 하나님의 뜻을 묵상하고 마음 먹은 생각을 잘 이행하기 위해 한 해를 믿음 속에서 살아간다면 우리 가정에 하나님이 주시는 은혜의 강물이 넘치듯이 날마다 풍성하게 복을 주실 줄 믿습니다.

3. 가장 아름다운 삶의 결과입니다

하나님의 자녀인 성도가 얻을 아름다운 복을 살펴보십시다.

첫째는, 일마다 때마다 열매 맺는 복을 주실 줄로 믿습니다.

둘째는, 형통한 은혜를 주실 줄로 믿습니다. 건강의 복을 주실 뿐만 아니라 형통함도 주실 것입니다. "네가 네 손이 수고한 대로 먹을 것이라 네가 복되고 형통하리로다"(시 128:2)고 성경은 말했습니다.

셋째는, 의로운 삶을 살아갈 때 여호와께서 인정하시는 복을 주십니다. "네 하나님 여호와께서 돌보아 주시는 땅이라 연초부터 연말까지 네 하나님 여호와의 눈이 항상 그 위에 있느니라"(신 11:12). 성도 여러분, 연초부터 연말까지 돌보시는 하나님의 은총과 축복이 넘치기를 기원합니다.

기도

하나님 아버지! 새해에는 오직 주님의 영광을 위해서 부지런히 뛰는 사람이 되기를 소망합니다. 주님의 말씀 안에서 건강한 한 해로, 축복의 한 해로 출발할 수 있도록 믿음을 더하여 주시옵소서. 예수님의 이름으로 기도드립니다. (아멘)

• 설 명절 설교 3 •

다윗의 유언

♪찬송 : 305(통405), 521(통253), 301(통460)

"다윗이 죽을 날이 임박하매 그의 아들 솔로몬에게 명령하여 이르되
내가 이제 세상 모든 사람이 가는 길로 가게 되었노니 너는 힘써
대장부가 되고 네 하나님 여호와의 명령을 지켜 그 길로 행하여
그 법률과 계명과 율례와 증거를 모세의 율법에 기록된 대로 지키라
그리하면 네가 무엇을 하든지 어디로 가든지 형통할지라"(왕상 2:1~3)

추모예배 때 가장 조심해야 할 것은 지상의 모든 성도들은 하나님과의 관계에서 남녀노소 지위고하를 막론하고 모두가 수평적 관계임을 명심해야 합니다. 부모님의 경우에도 예외가 될 수 없습니다.

하나님과 우리 사이는 수직적 관계로서 만약의 경우 추모예배를 오래 드리다 보면 너무 그리워하고 사모하는 나머지 수평적 관계가 수직적 관계로 변한다면 이는 우상 숭배가 됩니다.

그래서 조심스럽게 권고하기는 부모님께서 천국에 가신 이후에

1~2회만 추모예배로 드리고 그 이후에는 가족 감사예배로 그 명칭을 바꾸어서 드리는 것이 좋습니다.

왜냐하면, 부모님께서 이 세상에 사시면서 아무리 훌륭한 업적을 남기셨다 해도 우리는 모두 인간이기에 수평적 관계를 벗어날 수가 없기 때문입니다. 오늘과 다음 차례만 추모예배로 드리고 그 이후에는 가족 감사예배로 드리도록 합시다.

본문의 다윗 왕은 평생 하나님과 동행하면서 살았고 이제 생애의 마지막을 맞아서 아들 솔로몬을 불러서 유언을 남겼습니다. 그가 남긴 유언을 교훈 삼아 하나님께 감사드리면서 살아갈 수 있기를 축원합니다. 다윗의 유언은 무엇이었을까요?

1. 너는 힘써 대장부가 되라

모세는 여호수아에게 유언하기를 "너희는 강하고 담대하라 두려워하지 말라 그들 앞에서 떨지 말라 이는 네 하나님 여호와 그가 너와 함께 가시며 결코 너를 떠나지 아니하시며 버리지 아니하실 것임이라"(신 31:6)고 했으며, 역시 성군 다윗 왕도 그 아들 솔로몬에게 "너는 힘써 대장부가 되라"(왕상 2:2절하)고 했습니다.

당시 이스라엘의 상황은 주변 여러 나라의 끊임없는 위협이 있었고 방해도 심하여 자칫하면 마음이 약해지기 쉬우므로 "너는 힘써 대장부가 되고"라고 용기와 힘을 실어준 것입니다. 우리 성도들도 세상은 험하고 내 마음은 약하지만 하나님의 말씀에 힘을 얻어서 원수 마귀들과 힘써 싸워 승리의 삶을 살아가야 하겠습니다.

2. 하나님의 명령을 지키라

하나님의 나라는 하나님을 대적하는 악한 세력을 물리치기 위하여 그리스도 안에서 역사하시는 하나님의 주권적인 통치요, 능력의 역사 속에서 성도에게만 주어진 축복인 것입니다.

그러므로 하나님의 나라를 이루시려는 하나님의 명령인 율례와 법도를 지키는 것보다 더 큰 축복은 없습니다. 이제 우리 후손들은 하나님의 법을 잘 지켜 행함으로써 모두 복 받는 후손들이 되시기를 축원합니다.

3. 말씀을 지키고 행하라

다윗은 솔로몬에게 여호와 하나님의 말씀을 듣고 지키고 행한다면 두 가지 큰 축복이 임함을 약속했습니다.

첫째는, 어디로 가든지 무엇을 하든지 형통할 것을 약속했습니다. "네 하나님 여호와의 명령을 지켜 그 길로 행하여 그 법률과 계명과 율례와 증거를 모세의 율법에 기록된 대로 지키라 그리하면 네가 무엇을 하던지 어디로 가든지 형통할지라"(3절) 입니다.

둘째는, 이스라엘의 왕위가 계속 계승되리라고 했습니다.

"여호와께서 내 일에 대하여 말씀하시기를 만일 네 자손들이 그들의 길을 삼가 마음을 다하고 성품을 다하여 진실히 내 앞에서 행하면 이스라엘 왕위에 오를 사람이 네게서 끊어지지 아니하리라"(4절)고 했습니다. 우리는 여호와 하나님께서 다윗이 솔로몬에게 한 약속을 신실히 이행하셨음을 성경을 통해 잘 알고 있습니다. 확실하게 약속하심을 봅니다.

우리 가정은 신앙의 유산을 잘 물려받아서 자자손손이 이 말씀을 지켜 행함으로써 후대까지 이 큰 영광을 하나님께 돌리는 가문과 가정이 될 수 있기를 주님의 이름으로 기원합니다. 그뿐만 아니라 우리 후손 중에도 이름난 자들이 많이 배출되게 하시기를 주의 이름으로 축복합니다.

기도

하나님 아버지! 세상에서 가장 값지고 귀한 믿음의 후손이 되게 하심을 감사합니다. 이 값진 유산이 희석되지 않도록 힘써 대장부가 되고 복음의 말씀을 세계 많은 사람들에게 전하는 자들이 되게 하옵소서.

하나님! 우리 민족이 세계 곳곳에 복음을 전파하고 더 많은 선교사를 파송하여 이 지구촌에 평화를 만들어가는 귀한 믿음의 사명자들이 될 수 있기를 축복하소서. 이 모든 간구함이 이루어지기를 소망하오며 우리 구주 예수님의 이름으로 기도드립니다. (아멘)

· 설 명절설교 4 ·

나그네 인생

♬찬송 : 28(통28), 338(통364), 258(통190)

> "사랑하는 자들아 거류민과 나그네 같은 너희를 권하노니
> 영혼을 거슬러 싸우는 육체의 정욕을 제어하라 너희가 이방인 중에서
> 행실을 선하게 가져 너희를 악행한다고 비방하는 자들로 하여금 너희
> 선한 일을 보고 오시는 날에 하나님께 영광을 돌리게 하려 함이라"(벧전 2:11~12)

성도들은 천국 시민권을 가지고 있는 하나님의 백성이지만 곧 오실 주님의 재림 때까지는 잠정적으로 이 세상에서 살아갈 수밖에 없는 존재들입니다. 그렇다면 이 땅에서 성도가 어떤 삶을 살아야 하나님께서 기뻐하시는 삶이 되겠습니까? 그 같은 삶의 원리를 살펴보면서 은혜를 나누고자 합니다. 성도의 삶의 모습은?

1. 사명을 인식하며 살아가야 합니다

성도들에게 주어진 사명이란 무엇입니까? 사명이란 원래 '섬기다' 는 뜻에서 유래한 말입니다. 성도가 하나님의 뜻대로 살기 위해서는 하나님을 향한 사명감에 불타야 하고 생명을 다하여 하나님의 뜻에 복종해야 합니다. 바울이 젊은 디모데에게 권면한 것 같이 특히 사역자는 육체의 정욕을 제어해야 합니다(딤후 2:22). 그러기에 날마다 하나님의 거룩한 성품을 덧입어 나가야 합니다. 바울은 말했습니다.

"내가 달려갈 길과 주 예수께 받은 사명 곧 하나님의 은혜의 복음을 증언하는 일을 마치려 함에는 나의 생명조차 조금도 귀한 것으로 여기지 아니하노라"(행 20:24).

바울 사도는 자신에게 주어진 모든 사명을 끝까지 완수하고 주님께 순종하는 모습을 보여주고 순교했습니다. 위의 바울 사도의 고백처럼 우리도 나그네의 인생살이를 복음으로 아름답게 승화시켜 나갈 수 있기를 간절히 소망합니다. 이 시간 바울 사도의 진실한 고백을 마음에 새길 수 있기를 축복합니다.

2. 역사의 주역으로 살아가야 합니다

본문의 역사적 배경은 로마의 식민지가 된 유대인들에게 많은 환란과 박해가 있었을 때입니다. 하지만 그 속에서도 하나님 나라의 확장과 그 나라의 의를 위하여 어떤 삶이 필요한가를 잘 보여주고 있습니다.

베드로 사도는 여러 상황 속에서도 슬기롭고 지혜로운 삶과 생활을 지켜나가며 복음 중심으로 살아가야 할 것을 말해 주고 있습니다.

우리들의 삶도 마찬가지입니다. 역사의 주역이란 작게는 내 가족부터 시작하여 나아가서는 이웃과 사회 속에서 복음의 빛으로 살아가는 것을 말합니다. 사도의 특별한 권고는 무엇입니까? "영혼을 거슬러 싸우는 육체의 정욕을 제어하라"(본문 11절하)입니다. 수 없이 우리들의 마음을 어김없이 흔들고 있는 육체의 정욕을 물리치고 승리하기 위해서는 하나님의 말씀으로 무장해야 할 것입니다.

3. 권위에 순종하며 살아가야 합니다

바울 사도가 "각 사람은 위에 있는 권세들에게 복종하라 권세는 하나님으로부터 나지 않음이 없나니 모든 권세는 다 하나님께서 정하신 바라"(롬 13:1)고 했습니다.

세상의 어떤 권력도 하나님의 권위보다는 높지 못합니다. 그러나 믿음의 사람들이 조심해야 할 것은 인간 사회에서 얻은 권위가 영적인 사람에게는 적용이 안 된다고 생각하면 잘못된 것임을 바울 사도는 주의를 시키고 있습니다.

이는 사회적으로 부여받은 어떤 세력이든지 또는 스스로 본래부터 지니고 있는 세력이든지 간에 무엇이든지 그 권위에 순종하고 복종할 것을 권유하고 있습니다(롬 13:2).

성도가 이 세상에 살아가면서 두 가지의 법을 지킬 것을 성경은 권면하고 있습니다. 하나님의 법도 철저하게 지킬 뿐만 아니라 현재 우리가 몸담고 있는 땅의 법도 잘 지켜야 합니다. 하늘나라의 법과 자신이 속해 있는 땅의 법, 즉 나라의 법을 준수함으로 모범 시민으로 복음의 빛된 삶을 살아가야 합니다.

예나 지금이나 우리도 이 세상에서 나그네와 행인으로 살아가고 있습니다. 어두워져 가는 이 세상 속에서 하나님의 법도를 좇아서 세상 풍속이 아닌 천국 시민의 자격으로 천국의 법도를 지키며 살아가는 은혜가 있기를 축원합니다.

기도

하나님 우리 아버지! 나그네 인생으로 살아가는 우리에게 신령한 영적 세계를 바라보며 믿음의 삶을 살아갈 수 있도록 이끄심을 감사합니다. 우리가 선조들이 전해 준 믿음의 길을 좇고자 이 새해를 맞이하여 모였사오니 주의 말씀에 풍성함을 누리기를 원합니다.

아무쪼록 믿음의 후손들이 영적으로 승리하는 삶을 살도록 인도하여 주옵소서. 주님의 그 풍성한 은혜의 말씀을 우리에게 풍성하게 부어 주시옵소서. 구주 예수님의 이름으로 기도드립니다. (아멘)

• 설 명절설교 5 •

의인의 자손

♪찬송 : 620, 240(통231), 249(통249)

"우리 아들들은 어리다가 장성한 나무들과 같으며 우리 딸들은 궁전의 양식대로
아름답게 다듬은 모퉁잇돌들과 같으며 우리의 곳간에는 백곡이 가득하며
우리의 양은 들에서 천천과 만만으로 번성하며 우리 수소는 무겁게 실었으며
또 우리를 침노하는 일이나 우리가 나아가 막는 일이 없으며
우리 거리에는 슬피 부르짖음이 없을진대…"(시 144:12-15)

인생들에게 가장 큰 복이 무엇이냐고 묻는 정답을 성경은 시편 144편 15절에서 "여호와를 자기 하나님으로 삼는 백성은 복이 있도다"라고 했습니다. 진정 하나님을 자신의 하나님으로 모시고 사는 백성에게 주시는 복은 무엇일까요?

1. 자녀의 축복입니다

본문 12절에서 "우리 아들들은 어리다가 장성한 나무들과 같으며"라고 하여 인재의 축복을 받는다고 말씀하고 있습니다. 성도의 후손

중에 남자는 강하고 담대하며 기둥처럼 굳센 축복을 받습니다. 그런가 하면 여자는 영혼과 육신의 아름다움으로 내조함으로써 큰 조화를 이루며 삶과 생활에 복을 가져옵니다. 이렇게 성도의 후손들에게는 건물의 원기둥과 보조기둥과 같이 조화를 잘 이루는 축복이 있습니다.

그리고 어떻게 해야 자식들을 훌륭한 자녀로 양육시킵니까? 그것은 하나님의 말씀이 교과서가 되고 참고서가 되어서 성경에서 말하는 율법적인 정신으로 말씀을 마음속에 깊이 새겨 들으면 좋은 인격으로 다듬어지리라 믿습니다.

2. 물질의 축복입니다

물질의 축복의 모습은 아래와 같습니다.

1) 우리의 곳간에는 백곡이 가득합니다.

백곡이란 온갖 종류의 곡식들의 풍성함을 말합니다. 이 풍성함이란 전혀 모자람이 없는 넉넉함을 말합니다. 이 같은 복을 받아 누리는 축복이 임하기를 기원합니다.

2) 양은 천천과 만만으로 번성합니다.

천천과 만만이란 이루 헤아릴 수 없이 많은 숫자로 번성하는 축복을 부어주심을 의미하고 있습니다. 우리의 가정이, 또 우리의 가문이 이같이 큰 복이 임하기를 기도합시다.

3) 우리의 수소는 무겁게 실었습니다.

14절에 "우리의 수소는 무겁게 실었으며"라고 했습니다. 수소는 당시 하나님께 제물로 드려지는 짐승 중에 가장 최고의 제물이었던 것을 고려한다면 이것은 귀하게 쓰임받음을 의미합니다. 구약에 나오는 요셉과 같이 하나님께 쓰임받는 예표로서의 수소임을 기억합시다. 아울러서 물질의 축복, 번영의 축복, 부강의 축복이 임함을 기억합시다.

3. 평안의 축복입니다

본문 14절에 "또 우리를 침노하는 일이나 우리가 나아가 막는 일이 없으며 우리 거리에는 슬피 부르짖음이 없을진대"라고 했습니다. 이는 평안의 복을 말씀하고 있습니다. 보통 전쟁의 상처는 50년 또는 그 이상이 될 수도 있다고 합니다. 참으로 전쟁은 비극이 아닐 수 없습니다. 이 땅에서는 다시 전쟁이 없기를 소원해 봅니다.

"여호와를 자기 하나님으로 삼는 백성은 복이 있도다"(15절)라고 했습니다. 우리 민족, 우리 가문이 오직 하나님만을 섬기는 복 받는 가문과 가정으로 세워지기 위해 끊임없는 기도의 무릎을 낙타처럼 꿇어 나가는 은혜가 있기를 축원합니다.

이스라엘에서는 철저한 교육이 이루어졌는데 5세에는 성경, 10세에는 구전 율법인 '미시나', 13세에는 '계율', 15세에는 '탈무드'를 가르쳤습니다. 뿐만 아니라 바리새인 가말리엘처럼 유능한 랍비들이 학교를 따로 운영하기도 했던 것으로 전해지고 있습니다. 우리도 말씀으로 자식들을 양육합시다.

큰 복은 오로지 여호와 하나님을 진실하게 섬길 때만이 임한다는 사실을 기억하고 이 같은 큰 믿음으로 삶을 사시기를 축원합니다.

기도

거룩하신 하나님! 고유의 명절을 맞이하여 우리 가문, 우리 가정을 사랑하사 믿음의 가정으로 세워주심을 감사합니다. 이 민족에게 하늘나라의 신령한 복을 주심도 감사하오며, 이 민족을 통해서 세계 속에 한국의 위상을 높일 수 있는 믿음을 허락하여 주심을 진심으로 감사드립니다.

바라옵기는 이 민족이 하나님을 잘 섬겨서 이웃에게 꾸어주며 이웃의 영혼을 위해 더 많은 선교사를 파송하여 복음을 세계에 알리는 민족이 되게 하옵소서. 우리 가정도 하나님의 영광을 위해 일하는 축복의 가정으로 복을 주옵소서.

이 복음을 이웃과 형제들에게 전하게 하옵소서. 날마다 거룩을 행진하는 가정이 되어서 주님 예수께 영광을 돌려 드리는 가정과 가문이 되기를 소망하옵고 예수님의 이름으로 기도드립니다. (아멘)

· 설 명절설교 6 ·

가장 행복한 자

♬찬송 : 28(통28), 488(통539), 489(통541)

"여호와는 나의 산업과 나의 잔의 소득이시니 나의 분깃을 지키시나이다"(시 16:5)

가장 행복할 것이라고 생각하는 사람은 어떤 사람입니까? 돈이 많은 사람, 권세가 높은 사람, 건강한 사람, 지식이 많은 사람이 행복한 사람입니까? 누가 진정 행복한 사람입니까?

1. 하나님의 보호를 받는 가정입니다

수많은 어려움을 겪으면서도 하나님을 찬양했던 다윗은 하나님이 나의 목자가 되시어서 푸른 초장 잔잔한 물 가로 인도했다고 노래했습니다. 하나님이 보호하시는 이 같은 가정이 행복한 가정입니다.

더불어서 우리가 기억해야 할 것은 우리와 동행하시고 우리를 임마누엘로 지켜주시는 그 큰 은총과 축복을 간구해야 하는 것입니다. 우리가 바라는 임마누엘의 복이란 무엇입니까? "보라 처녀가 잉태하여 아들을 낳을 것이요 그의 이름을 임마누엘이라 하리라"(사 7:14)고 예언된 말씀이 마태복음 1장 23절에서 주님이 이 땅에 오심으로써 성취되었습니다. 주님 예수와 함께 하는 가정이 행복한 가정입니다.

2. 주님을 만난 자가 행복한 자입니다

"주는 나의 주님이시오니 주 밖에는 나의 복이 없다 하였나이다."(시 16:2)라고 시편 기자는 노래했습니다. 믿음의 조상 아브라함은 오직 하나님으로만 만족하고 그분의 지시대로 따르며 순종했습니다. 우리 가정도 주님 안에서 주 밖에는 나의 복이 없다는 말씀을 입술로 간증하고 노래하는 가정으로 거듭납시다.

여리고의 세리장 삭개오는 돈도 많고 명예도 가졌으나 항상 마음이 허전했습니다. 그런데 어느 날, 예수님께서 여리고에 오셨다는 말을 듣고 예수를 뵙고자 했으나 키가 작아서 도저히 주님을 뵙지 못하자 체면을 버리고 돌무화과나무 위로 올라가서 주님 예수님의 얼굴을 보았습니다.

예수님을 만나자 그의 인생은 변하였고 그는 구원의 행운을 얻게 되었습니다(눅 19:10). 정욕에 찌들었던 수가 성 여인은 우물 가에서 예수님을 만나고 인생의 문제를 해결받고 훌륭한 전도자가 되었습니다(요 4:29).

예수님과 함께 십자가에 달렸던 한편 강도는 회개하고 예수님께 간구하여 낙원을 허락받았습니다(눅 23:43). 사울은 다메섹 도상에서 부활하신 주님을 만나고나서 이름을 바울이라 바꾸고 기독교를 온 세상에 전하였습니다. 이렇듯 주님을 만난 자들은 한결같이 구원과 영생을 얻은 행복한 사람이 되었습니다.

3. 하나님께 가까이 있는 자가 행복한 자입니다

하박국 선지자는 자신의 모든 소출을 빼앗겼어도 그 마음속에 모시고 사는 하나님은 빼앗아 갈 수가 없다고 고백했습니다. 그는 고백하기를 "비록 무화과나무가 무성하지 못하며 포도나무에 열매가 없으며 감람나무에 소출이 없으며 밭에 먹을 것이 없으며 우리에 양이 없으며 외양간에 소가 없을지라도 나는 여호와로 말미암아 즐거워하며 나의 구원의 하나님으로 말미암아 기뻐하리로다"(합 3:17~18)라고 했습니다. 그는 하나님께 가까이 있었습니다.

우리는 오직 주님으로 만족하며 삶을 살아갈 때 가장 행복한 가정으로 살아갈 수가 있습니다.

4. 하나님께 인정받는 자가 가장 행복한 자입니다

"내가 여호와를 항상 내 앞에 모심이여 그가 나의 오른쪽에 계시므로 내가 흔들리지 아니하리로다"(시 16:8)라고 시편 기자가 고백한 것같이 흔들림이 없이 믿음으로 나갈 때 하나님께 인정을 받습니다.

"허물의 사함을 받고 자신의 죄가 가려진 자는 복이 있도다"(시 32:1)라는 말씀과 같이 우리들의 믿음도 하나님 보시기에 인정을 받아 행복한 가정으로 탈바꿈하시기를 축복합니다.

죄가 무엇인지, 행복이 무엇인지, 영생이 무엇인지 알도록 인도하신 하나님께 감사드리며, 이 명절에 하나님께 예배를 드리는 이 가문과 가정이 더욱 믿음을 굳게 지키는 복된 가정이 되시기를 축복합니다.

기도

자비하신 하나님! 많은 사람들이 행복을 찾아 헤매지만 그 해답을 찾지 못하고 있습니다. 그러나 택함받은 우리에게는 하늘의 신령한 복을 주셔서 행복을 알게 하시고 하나님의 보호와 인도를 받게 하시오니 진심으로 감사드립니다.

우리 가정, 우리 가문을 통해서 하나님의 이름을 높일 수 있는 믿음을 허락하여 주옵소서. 주님께서는 "너희는 먼저 그의 나라와 그의 의를 구하라 그리하면 이 모든 것을 너희에게 더 하시리라"라고 하지 않으셨습니까? 그의 나라와 그의 의를 위해서 간구하며 일하는 우리 자손, 우리 가문이 되어지도록 이끄시고 인도하여 주시옵소서. 구주 예수님의 이름으로 기도드립니다. (아멘)

• 설 명절설교 7 •

여호와를 앙망하는 자

♪찬송 : 95(통82), 262(통196), 435(492)

"오직 여호와를 앙망하는 자는 새 힘을 얻으리니 독수리가 날개치며
올라감 같을 것이요 달음박질하여도 곤비하지 아니하겠고
걸어가도 피곤하지 아니하리로다"(사 40:31)

성공을 위해서 얼마나 많은 사람들이 밤낮없이 뛰며 노력하고 있습니까? 그러나 마음 먹은 대로 자신의 뜻대로 되지 못함이 현실입니다. 그러나 여호와를 앙망하는 자는 성공하는 자가 될 수 있습니다. 성경이 말하는 성공하는 자는 어떤 사람입니까?

1. 하나님 안에서 준비된 자가 성공하는 자가 됩니다

성공하기 위해서는 자기 자신의 일에 준비된 자가 되어야 합니다.
1) 하나님께서는 모세를 출애굽의 지도자로 세우기 위해 애굽의 왕자로, 미디안의 양치기로 80년 동안 훈련을 시키셨습니다.

2) 하나님께서는 야곱을 20년 동안 라반의 집에 머슴으로 훈련을 시키셨습니다. 그리고 그를 '이스라엘'이 되게 했습니다.
3) 하나님께서는 요셉을 애굽의 총리로 세우시려고 13년 동안 온갖 시련으로 훈련시키셨습니다.
4) 예수님께서는 지상에서의 공생애 3년을 위해 30년 동안 하나님의 섭리에 따라 훈련하셨습니다.

미국의 대통령을 지낸 루즈벨트는 "준비를 실패하는 자는 실패를 준비하는 자이다"라고 했습니다. 하나님은 하나님 안에서 준비하게 하여 당신의 약속의 말씀대로 성취하게 하시는 분이십니다.

2. 하나님 안에서 열심을 품을 때 성공하는 자가 됩니다

목적한 바나 뜻을 이루는 것을 가리켜서 성공이라고 말합니다. 성경은 인생이 믿음으로 하나님의 말씀에 순종하고 하나님 나라의 의를 구하며 올바른 삶을 살아갈 때 성공한다고 했습니다.

하나님께서는 여호수아에게 "강하고 담대하라 너는 내가 그들의 조상에게 맹세하여 그들에게 주리라 한 땅을 이 백성에게 차지하게 하리라"(수 1:6)고 약속하셨고, 하나님의 말씀만 믿고 열심으로 나아가는 여호수아에게 하나님은 승리를 안겨주셨던 것입니다.

이 같이 성공을 위해서는 꾸준히 노력하며 말씀을 좇아가야 합니다. 성공은 오다가다 얻어지는 행운이 아닙니다. 하나님은 우리에게 무한한 가능성을 내려 주셨습니다. 하나님은 사랑하는 자에게는 성공도 주시며 신령한 은혜와 축복도 주시는 분입니다.

3. 작은 기회를 큰 기회로 잡을 때에 성공을 주십니다

사람에게는 큰 기회가 세 번 온다고 합니다. 그러나 그 기회를 잘 잡지 못하고 놓치고 마는 경우가 허다합니다. 우리는 주님이 주시는 작은 기회를 큰 기회로 알고 열심을 다해서 성공해야 합니다. 복음을 시작할 때 유대 땅 베들레헴은 매우 작은 고을이었습니다(미 5:2). 그러나 복음은 전 세계로 뻗어 갔고 이제는 복음이 들어가지 않은 나라가 없을 정도입니다. 주님이 나신 이 베들레헴에 세계의 사람들이 성지순례를 오고 있습니다.

그뿐만 아니라 복음이 들어간 나라 치고 못 사는 나라가 없으며, 복음이 들어간 나라는 모두가 다 남을 도와주는 나라가 되고 원조하는 나라로 세워져 가고 있음을 기억합시다.

우리나라는 6·25 동란 이후 못 먹고 못 사는 나라였습니다. 그런데 지금은 어떻습니까? 국가적으로 무역을 장려하여 수출이라는 작은 기회를 큰 기회로 만들었고 이제는 교회가 어려운 나라를 돕고 병원도 지어주고 기술을 가르치며 사랑의 복음을 전하여 못 사는 민족들에게 원더풀 코리아를 외치게 한 것입니다. 이것이 복음의 능력입니다.

4. 하나님 안에서 순종할 때 성공을 가져옵니다

하나님께 순종을 잘하는 사람은 성공이 쉽고 불순종하는 사람은 성공이 어렵습니다. 예를 찾아봅시다.

첫째는, 가나의 혼인 잔칫집에 포도주가 떨어졌으나 주님의 말씀에 순종함으로 축복이 임했던 것입니다.

둘째는, 나아만 장군이 순종할 때 축복이 임했습니다. 그의 일평생 소원이었던 나병을 깨끗하게 치료해 주었던 것입니다. 하나님의 말씀에의 순종은 축복이 되고 성공의 지름길이 됩니다.

하나님은 피곤한 자에게는 능력을 주시며, 무능한 자에게는 힘을 더하십니다. 순종은 곧 여호와를 앙망하는 자에게 주시는 하나님 약속의 말씀이요, 큰 은총이요, 축복의 비결입니다. 하나님께서 우리에게 원하시는 것은 진실된 순종입니다(삼상 15:22).

기도

생명의 구주가 되시는 하나님! 죄악의 세상을 구원시키고자 독생자 예수님을 보내주셔서 감사합니다. 이제 그 은혜를 생각하며 믿음 갖기를 소원합니다. 이제 저희가 한 해를 또다시 시작하고자 하오니 여호수아와 같이 굳센 믿음도 주시고 솔로몬의 지혜도 허락하시사 승리하는 한 해로 출발할 수 있도록 은혜를 덧입혀 주시옵소서.

우리 가정, 우리 가문이 하나님 제일주의로 살아갈 수 있도록 믿음을 주시옵소서. 예수님의 이름으로 기도드립니다. (아멘)

· 설 명절설교 8 ·

야베스의 기도

♪찬송 : 423(통213), 361(통480), 246(통221)

> "야베스가 이스라엘 하나님께 아뢰어 이르되 주께서 내게 복을 주시려거든 나의 지역을 넓히시고 주의 손으로 나를 도우사 나로 환난을 벗어나 내게 근심이 없게 하옵소서 하였더니 하나님이 그가 구하는 것을 허락하셨더라" (대상 4:10)

새해 새날이 밝아왔습니다. 우리 가정에 하나님의 크신 은총이 오늘부터 시작하여 1년 365일 함께 하시기를 기원합니다. 이 시간 야베스가 받은 축복을 함께 살펴보겠습니다. 야베스는?

1. 하나님께 아뢰었습니다

야베스는 절박한 심정으로 하나님을 찾았습니다. 우리도 야베스와 같이 하나님께 간구할 긴급한 사안이 있으면 목숨이라도 내놓고 부르짖어 기도해야 합니다. 본문의 '아뢰다' 라는 말의 뜻은 하나님께 부르짖었다는 말씀입니다. 야베스는 절박한 심정으로 하나님께 도움을 요청한 것입니다. 이렇게 부르짖어 기도한 야베스에게 하나님께서는 응답의 축복을 허락하셨습니다.

2. 기도의 내용은 무엇입니까?

1) 환난을 벗어나 근심이 없게 하옵소서

 야베스는 하나님 앞에 나갈 때에 마치 자식이 부모님께 어려움을 담대히 아버지 앞에 나아가 어려움을 벗어나게 해 달라고 기도했습니다. 사람들이 생활을 하다 보면 어려운 일들이 한둘이 아닌데 야베스는 환난을 벗어나게 해 달라는 기도를 감히 하나님께 드린 것입니다.

 성도가 주님께 아뢸 때는 구체적으로 아뢰어야 합니다(막 10:51). 야베스는 구체적으로 환난을 벗어나 근심이 없게 해 달라고 기도했습니다. 이 같은 기도가 하나님께 상달되는 것입니다.

2) 하나님이 그가 구한 것을 다 허락하셨더라

 야베스의 기도와 간구에서 "허락"이라는 말은 '이루다', '가져오다'는 말 뜻입니다. 이 같은 응답의 기도는 마치 소돔과 고모라 성의 구원을 위하여 아브라함이 중보의 기도를 드렸을 때에 하나님께서 "내가 하려는 것을 아브라함에게 숨기겠느냐"(창 18:17)고 하시며 끈질긴 아브라함의 요구를 들어주신 것과 같습니다.

 우리의 기도와 간구는 어떠합니까? 넉넉하게 응답하실 것을 믿고 구하고 계십니까? 야베스가 하나님께 진실하게 구하고 간구했기에 하나님께서는 그의 기도를 들어주신 것입니다. 자식을 얻고자 한 한나의 눈물어린 기도와 본문의 야베스의 기도는 우리에게 많은 귀감이 되고 있습니다.

3. 최고의 축복은 기도의 응답입니다

야베스의 기도는 모든 믿음의 사람들에게 큰 교훈을 주고 있습니다. 그의 꾸준하게 매달리는 성실한 믿음은 많은 사람에게 기도의 응답에 대한 모델을 제시하고 있습니다.

야베스가 부르짖어 간구할 때 하나님은 그 간구를 들으심으로 모든 문제를 해결받게 하셨습니다.

오늘 우리 가문, 우리 가정도 야베스의 가정처럼 하나님 제일주의로 살아가시기를 축원합니다.

우리도 야베스처럼 기도의 지역, 봉사의 지역, 전도의 지역, 사랑의 지역을 넓혀서 우리들의 삶과 생활을 날마다 개선해 나가는 축복이 있기를 바랍니다. 더불어서 기억할 것은 말보다 실천하는 가정이 되어야 하겠습니다.

기도

축복의 하나님! 잘 살고 못 사는 것이 팔자소관이 아니라 우리가 하나님 앞에 마음껏 부르짖어 기도함으로 축복의 문이 활짝 열림을 믿습니다. 하나님께 간구하지 못한 허물이 있습니다. 주여, 용서하여 주옵시고 다시는 범죄하지 않고 성도의 의무와 사명을 다할 수 있는 은혜와 복을 허락하여 주시옵소서. 주님의 사랑을 전하고 나타내는 믿음을 주시옵소서. 예수님의 이름으로 기도드립니다. (아멘)

• 설 명절설교 9 •

새 사람을 입으라

♪찬송 : 550(통248), 551(통296), 552(통358)

"너희는 유혹의 욕심을 따라 썩어져 가는 구습을 따르는 옛 사람을 벗어 버리고
오직 너희의 심령이 새롭게 되어 하나님을 따라 의와 진리의 거룩함으로
지으심을 받은 새 사람을 입으라"(엡 4:22~24)

복된 새해 설을 맞이하여 하나님의 은혜를 풍성히 누리는 새 사람으로 사는 삶이 되시기를 축원합니다. 우리가 새 사람이 되기 위해서는 어떻게 해야 합니까?

1. 옛 사람을 벗어야 합니다

옛 사람이란 문자적으로는 두 부류가 있습니다. 한 부류는 지나간 세월의 사람을 가리켜서 옛 사람, 즉 옛날 사람이라고 합니다. 그리고 다른 한 부류는 사람의 인격과 성품 등을 고쳐야 할 속성의 옛 사람이 있습니다. 성경에서 말하고 있는 옛 사람이란 죄로 인하여 하나님의 형상을 잃어버린 사람을 의미합니다. 또한, 그리스도를 알지 못하는 사람을 가리키는 말이기도 합니다. 옛 사람을 벗는다는 것은 무엇입니까?

1) 육적인 본성을 버리는 것입니다

"우리가 알거니와 우리의 옛 사람이 예수와 함께 십자가에 못 박힌 것은 죄의 몸이 죽어 다시는 우리가 죄에게 종 노릇 하지 아니하려 함이니"(롬 6:6)라고 성경은 말하고 있습니다. 옛 사람의 본성을 버려야 합니다. 옛 사람의 본성인 시기, 질투, 욕심과 욕망의 육신적인 사고와 가치관을 다 버리고 하나님을 따라 의와 진리와 거룩함으로 지으심을 받은 새 사람을 입어야 합니다.

2) 구습을 좇는 옛 사람의 행실을 버리는 것입니다

옛 사람은 중생 이전의 옛적 사람을 가리킵니다. 그러므로 우리는 옛 풍속이나 잘못된 행실이 생각난다면 신속히 회개해야 할 것이요, 깨끗하게 처리해야 할 것입니다.

3) 이방인의 생활 습관을 버리는 것입니다

복음에서 제외된 택함받지 못한 사람을 이방인이라 합니다. 우리는 이들에게 복음을 전파하여 구원의 은혜를 베풀어야 합니다.

2. 새 사람을 입어야 합니다

1) 새 사람이 되기 위해서는 심령이 변화되어야 합니다

본문 23절에 "오직 너희 심령이 새롭게 되어"라고 했습니다. 이 말의 뜻은 우리의 심령, 곧 마음의 영이 새로워져야 함을 말합니다. 심령이 변하지 않으면 우리의 죄에 물든 영혼의 구원이 없습니다.

2) 진리의 거룩함으로 변화를 입어야 합니다

"그러므로 우리가 낙심하지 아니하노니 우리의 겉사람은 낡아지나 우리의 속사람은 날로 새로워지도다"(고후 4:16)라고 성경은 말하고 있습니다. 우리는 새로운 피조물인 성령의 사람이 되어야 합니다.

"그가 하늘에서 보내사 나를 삼키려는 자의 비방에서 나를 구원하실지라(셀라) 하나님이 그의 인자와 진리를 보내시리로다"(시 57:3)는 말씀처럼 신자는 새 사람을 입어 진리의 사람이 되어야 할 것입니다.

3. 새 사람의 생활은 어떠합니까?

1) 하나님의 말씀을 따라 살아야 합니다

"모든 성경은 하나님의 감동으로 된 것으로 교훈과 책망과 바르게 함과 의로 교육하기에 유익하니"(딤후 3:16)라고 했습니다. 성경은 우리를 선한 일을 행할 능력을 갖추게 합니다.

2) 예수의 마음을 품어야 합니다

성경은 "너희 안에 이 마음을 품으라 곧 그리스도 예수의 마음이니"(빌 2:5)라고 했습니다. 예수의 마음은 겸손과 희생과 온유한 마음입니다.

3) 내게 능력 주시는 자 안에서 살아가야 합니다

"너희 안에서 행하시는 이는 하나님이시니 자기의 기쁘신 뜻을 위하여 너희에게 소원을 두고 행하게 하시나니"(빌 2:13)라고 성경은 말하고 있습니다. 하나님 안에서는 모든 것을 할 수 있습니다(빌 4:13).

우리는 세상적인 육신의 욕심을 버리지 않고는 새로운 삶을 살아갈 수가 없습니다. 우리가 변화되기 위해서는 우리의 마음과 영을 새롭게 하는 성령을 받아야 합니다. 그리고 성령의 검인 하나님의 말씀을 힘입어 온전히 승리하시기를 축원합니다.

기도

창조의 하나님! 묵었던 해를 청산하고 새해를 주 안에서 맞이하게 하심을 감사드립니다. 지난해는 가정적으로 힘든 일들이 많이 있었사오나 무사하게 은혜 가운데 새해를 맞이할 수 있도록 크신 은총을 허락하심을 감사합니다.

우리 가정이 진정 승리의 삶을 살기 위해서는 예수님의 마음이 있어야 하겠습니다. 마음으로 준비하고 세상의 모든 악의 영들을 다 물리치게 하시고 또 유혹의 욕심도 물리칠 수 있도록 군건한 믿음을 주시옵소서. 이 큰 믿음으로 승리하는 한 해로 인도하여 주옵소서. 예수님의 이름으로 기도드립니다. (아멘)

• 설 명절설교 10 •

꾸어 주고 꾸지 않는 축복

♩찬송 : 28(통28), 550(통248), 551(통296)

"네가 만일 네 하나님 여호와의 말씀만 듣고 내가 오늘 네게 내리는
그 명령을 다 지켜 행하면 네 하나님 여호와께서 네게 기업으로 주신 땅에서
네가 반드시 복을 받으리니 너희 중에 가난한 자가 없으리라"(신 15:4~5)

우리 가정에 하나님의 축복이 넘치기를 기도합니다. 특별히 오늘 본문 4절 말씀을 기억합시다. 성경은 하나님께서 내려주신 명령만 듣고 지켜 행하면 복을 주시겠다고 말씀하고 있습니다. 꾸어 주고 꾸지 않는 축복을 받으려면?

1. 하나님의 말씀만 잘 들어야 합니다

우리에게는 나라에서 내리는 나라의 법이 있습니다. 그리고 우리가 하늘나라의 시민이기에 하나님께서 특별히 내리신 법이 있는데 하나님은 그 법을 잘 지키라고 하셨습니다.

하늘나라 시민답게 하나님이 주신 법인 하나님의 명령 잘 지켜 행하면 기업으로 주신 땅에서 네가 반드시 복을 받으리라고 하셨습니다.

2. 하나님의 명령을 듣고 지켜 행해야 합니다

우리가 하나님의 명령을 지키고 행할 때에는?

1) 기업으로 주신 땅에서 복을 주십니다.

하나님은 이스라엘 백성에게 애굽의 노예생활을 벗어나게 하시고 젖과 꿀이 흐르는 가나안 땅을 기업으로 주셨습니다.

2) 여러 나라에 꾸어 주고 꾸지 아니합니다.

본문 6절에 "네가 여러 나라에 꾸어 줄지라도 너는 꾸지 아니하겠고"라고 하셨습니다. 곧 부유한 백성이 되게 하시겠다는 말씀입니다.

3) 여러 나라를 통치할지라도 통치함을 받지 않습니다.

하나님은 하나님의 명령을 지키는 자에게는 물질적인 복과 함께 정치적인 지도자의 복을 주시겠다고 하셨습니다. 하나님의 명령과 규례와 법도를 온전히 지키기는 매우 어렵지만 성령 안에서 믿음으로 살 때 넉넉히 지킬 수 있는 은혜를 주시는 것입니다.

3. 말씀에 순종할 때 가난한 자가 없습니다

구약성경의 족장시대에 노아는 하나님의 지시에 따라 방주를 지으며 120년 동안이나 하나님과 교제를 하면서 꾸준하게 말씀을 믿고 살아왔습니다. 불신자들의 비방과 모욕과 핍박을 심하게 받아가면서도 하나님의 뜻을 전하기 위해서 최선을 다한 그의 모습은 우리들에게 큰 교훈을 주고 있습니다.

만약에 오늘 우리들에게 이 같은 큰 과제를 주셨다면 우리는 어떻게 했을 것인가를 생각해 보셨습니까? 하나님의 명령을 좇아 본토 친척 아버지의 집을 떠나 하나님이 지시하신 땅으로 간 아브라함의 생애를 보십시오. 아브라함은 그의 순종으로 말미암아 믿음의 조상이라는 엄청난 칭호를 받았습니다.

또한, 순전하고 정직하여 하나님을 경외하며 악에서 떠나 하나님으로부터 인정받은 의인 욥이 있습니다(욥1:8). 그는 엄청난 시련과 어려운 일들이 계속해서 그를 괴롭게 했지만 전혀 흔들림이 없이 자신의 믿음의 길을 꾸준하게 달려 거룩을 행진하는 의인으로 인정을 받고 축복의 사람이 되었습니다. 여러 믿음의 선조들의 역사는 우리들에게 많은 감동과 감화를 더하여 주고 있습니다.

우리 민족에게는 어떤 시련과 고난과 역경들이 있었습니까? 근대에는 36년 동안 일본의 총칼 앞에서 수없이 울부짖으며 피눈물을 흘려야 했던 민족이 바로 우리 민족입니다. 마치 이스라엘 백성들이 애굽에서 노예생활을 한 것 같이 우리 민족은 비극적인 삶을 살아왔지만 이제 하나님의 보호하심에 힘입어 남에게 꾸어 주는 민족이 되었습니다. 축복을 주신 하나님께 이 시간 찬양하고 감사를 드립시다.

기도

하나님 아버지! 지난해는 말씀대로 살지 못한 허물들이 너무나도 많았습니다. 이제 하나님의 명령을 잘 지키고 순종하여 우리 가정과 나라가 어려운 자들에게 나누어 주는 은혜가 있기를 사모합니다. 이제 더욱 주 안에서 새로운 비전과 꿈을 가지고 미래를 열어주실 하나님의 축복의 세계를 향해서 달려갈 수 있는 큰 믿음을 주시옵소서. 예수님의 이름으로 기도드립니다.(아멘)

제 2장

추석 명절

1. 추석 명절의 기원

 추석 명절의 기원은 삼국시대 신라의 유리 왕 때로 추측됩니다. 이때 여자들을 두 편으로 나눠 음력 7월 보름부터 길쌈을 시작하여 가윗날인 8월 15일에 그 공로가 많고 적음을 심사하여 이긴 편은 상을 주고 이기지 못한 편은 춤을 추면서 이긴 쪽에서 음식을 차려서 대접하며 아쉬움을 달랬다는 기록이 있습니다.

 가윗날을 추석이라고 하는 것은 한자 사용이 성행하면서부터 생긴 이름입니다. 가윗날에는 농사일로 바빴던 일가친척이 서로 만나 즐기게 되었고, 1년 중에 가장 즐거운 명절로 지켜 내려오게 된 것입니다.

2. 전통적인 추석 명절

 한가위에는 전통적으로 다음과 같은 말이 내려오고 있습니다. 곧

"더도 덜도 말고 일년삼백예순 날 마냥 한가위만 같아라."라는 말로서 기도문 같은 노랫말이 추석 명절이 얼마나 우리에게 큰 명절인지를 잘 말해 주고 있습니다.

추석 명절이 되면 백성들은 송편을 만들어 먹는가 하면 신도주(햇쌀주)와 토란국을 끓여 먹기도 하며, 추석 명절이 다가오면 조상의 묘에 벌초를 깨끗하게 하여 후손들이 생존해 있음을 알렸습니다. 이와 같이 우리 민족의 전통 중에는 아름다운 옛것을 소중히 여기는 전통이 많이 있는데 이것을 미풍양속이라고 합니다.

3. 추석 명절에 대한 그리스도인의 자세

추석 명절에 대한 우리 기독인들의 자세는 분명합니다. 하나님의 계명을 어기는 우상 숭배적인 사고는 절대로 허용할 수가 없으며 그 모양이라도 버려야 하는 것이 크리스천들입니다. 복은 하나님께서 주시는 것이지 조상신을 잘 모시므로 오는 것이 절대로 아님을 명심해야 합니다.

크리스천들이 하나님 제일주의로 삶을 살다 보니 조상의 정신과 선산(묘지가 있는 공원 등)을 관리하는 일 등을 소홀하게 한다는 오해를 받기도 합니다.

그러므로 성도는 부모님의 유언이나 유지가 성경에서 벗어나지 않는 한 잘 지켜 드리는 것이 사후 공경이 되는 것이며, 조상들의 선산을 잘 보존하여 불신자들보다 더 잘 관리하면 그 자체가 전도의 조건이 될 수도 있으리라 봅니다.

추석 명절은 흩어져 있는 친족들이 한자리에 모이는 좋은 기회인 만

큰 이때에 서로 간에 우애에 금이 가지 않도록 힘써야 합니다. 그리고 세계 여러 민족들 중에서 우상의 문화를 섬기는 나라와 하나님을 섬기는 나라 간의 차이를 잘 설명하면서 하나님께 감사예배를 드리는 것이 얼마나 큰 축복인가를 잘 설명하는 장으로 삼아야 할 것입니다.

복음을 전하는 특별한 자리로 만들어 감으로써 하나님께는 영광이요, 후손들에게는 말씀을 새겨듣는 장으로 만들어서 모두에게 피해가 되지 않도록 하는 것이 은혜입니다.

4. 추구할 거룩한 행진

예수 그리스도를 구세주로 믿고 하나님의 자녀가 되어 속된 세상에서 거룩한 하나님의 백성으로 부름받은 자들을 가리켜서 성도라고 합니다.

이 말은 원래 구약에서는 하나님의 선민 이스라엘을 가리켰는데 그 뜻은 구분된 자, 성별된 자, 거룩한 자들이라는 뜻으로 히브리 원문에서는 '카도쉬'로 불렀습니다. 신약에서는 '카도쉬'라는 단어를 '하기오스'라는 헬라어로 번역하여 사용했던 것입니다. 성도는 하나님을 찬양해야 하며, 하나님을 사랑해야 하고, 하나님을 의뢰하는 믿음을 가져야 합니다.

〈추석 예배 순서〉

예배기원… 명절을 맞이해서 산소에 올라왔지만 불신자들처럼 음식을 차려서 조상신에게 제사를 드리거나 조상의 음덕이 내리도록 절을 하는 것은 십계명 중에 제2 계명을 어기는 것이 되므로 우리 가족은 선조들의 은덕을 기리며 감사예배를 드리도록 하겠습니다.

신앙 고백 ················· (사도신경) ················ 다 같 이

찬　　 송 ······ 301장 (통460장), 435장 (통492장) ······ 다 같 이

대표 기도 ··· 가족 중에서

특　　 송 ················ (가족 중에서) ················ 생략 가능

말　　 씀 ··········· 복 있는 사람 (창 12:1~4) ········· 인 도 자

(말　　 씀 ········ 나그네 인생(벧전 2:11~12)········ 둘 중 선택)

축　　 도 ················ (주기도문) ················ 인도자/다같이

예배 후에는 가문의 전통 및 가훈의 뜻과 명절에 대한 의의를 설명하고 친교를 나누면 되겠습니다.

• 추석 명절설교 1 •

나가도 들어가도 받는 축복

♪찬송 : 28(통28), 586(통521), 220(통278)

"네가 네 하나님 여호와의 말씀을 삼가 듣고
내가 오늘 네게 명령하는 그의 모든 명령을 지켜 행하면
네 하나님 여호와께서 너를 세계 모든 민족 위에
뛰어나게 하실 것이라 네가 네 하나님 여호와의 말씀을
청종하면 이 모든 복이 네게 임하며 네게 이르리니
성읍에서도 복을 받고 들에서도 복을 받을 것이며
네 몸의 자녀와 네 토지의 소산과 네 짐승의 새끼와
소와 양의 새끼가 복을 받을 것이며 네 광주리와
떡 반죽 그릇이 복을 받을 것이며 네가 들어와도
복을 받고 나가도 복을 받을 것이니라"(신 28:1~6)

하나님의 말씀은 곧 생명이요, 영원한 소망이 됩니다. 이 같은 말씀을 듣고 행하기만 한다면 우리가 큰 복을 받습니다. 하나님이 주시는 큰 복이란 무엇입니까?

1. 모든 민족 위에 뛰어나게 하시는 복이 임합니다

본문 1절에 "네 하나님 여호와께서 너를 세계 모든 민족 위에 뛰어나게 하실 것이라"고 하셨습니다. 이스라엘 나라를 보십시오. 끊임없이 전쟁과 분쟁의 소용돌이 속에서 긴장을 늦출 수 없는 작은 나라 이스라엘의 유태인이 세계의 경제를 좌지우지하는 그 파워가 어디에 있다고 생각하십니까?

그것은 곧 하나님 여호와를 경외하며 섬기는 믿음에 근거를 두고 있습니다. 세계에서 노벨상을 어느 나라가 가장 많이 소유했는가 그 통계를 조사를 해보았더니 유태인들이 가장 많은 노벨상을 거머쥐었다는 사실이 밝혀졌습니다.

그들은 으뜸 되고 머리가 될지언정 꼬리가 되지 않는 축복을 약속받고 있습니다. 우리도 하나님의 말씀을 잘 이행하고 지킵시다. 그러면 복이 임합니다. 우리 가정, 우리 민족이 하나님의 말씀을 잘 듣고 순종해서 큰 축복이 임하기를 기도합니다.

2. 성읍에서도 복을 받고 들에서도 복을 받게 합니다

본문 3절에 "성읍에서도 복을 받고 들에서도 복을 받을 것이며"라고 했습니다. 성읍에서는 항상 많은 사람들이 붐비며 각종 사건과 소문이 빠르게 입에서 입으로 전해집니다. 뭇 사람들을 통해서 잘 알려진 공개된 장소인 성읍에서 복을 받는다는 것은 다른 사람들은 알지 못하게 사적으로 하나님의 축복을 받는다는 것을 말합니다.

결국 성읍과 들이란 인간이 머무는 모든 장소를 뜻하는 말로서, 이 말씀은 언제든지 어디서든지 무슨 일을 하든지 하나님의 말씀을 믿음으로 행하면 이 같이 큰 복을 받는 것을 의미합니다.

3. 토지와 사람과 소와 양이 복을 받습니다

본문 4절에 "네 몸의 자녀와 네 토지의 소산과 네 짐승의 새끼와 소와 양의 새끼가 복을 받을 것이며"라고 했습니다. 하나님께서 주시는 복은 먼저 자녀의 복입니다. 여호와 하나님의 말씀을 잘 듣고 지키면 뛰어난 자녀를 주시는 것입니다.

다음으로 부동산의 축복과 손으로 하는 모든 일들을 축복하셔서 성경의 이삭과 같이 창대하고 왕성하여 거부가 되게 하시는 것입니다(창 26:13).

중요한 것은 성도가 하나님께 인정을 받으면 사람으로부터 짐승에 이르기까지 생명이 있는 모든 자에게 복이 임할 것이라는 하나님의 약속입니다. 따라서 우리는 철저하게 말씀을 실천하며, 그리스도의 모범된 정신을 배워나가야 합니다.

4. 네가 나가도 복을 받고 들어가도 복을 얻으리라

본문 6절에 "네가 들어와도 복을 받고 나가도 복을 받을 것이니라"고 했습니다. 하나님은 능치 못함이 없으십니다. 사람이 이것을 믿지 못함과 행함이 따르지 못함이 문제인 것입니다.

그러므로 이제는 하나님의 말씀에 순종하고 그 말씀을 지켜 복을 받는 가문과 후손이 되시기를 축복합니다. 하나님의 능력을 믿고 의지하는 자에게는 큰 복이 임할 것인데 이 복을 얻는 단 한 가지의 조건은 바로 하나님의 말씀을 듣고 따르는 것입니다. 이것을 꼭 명심하십시다.

기도

전능하신 여호와 우리 하나님 아버지! 복 있는 가정으로 인도하신 하나님께 감사와 찬양을 드립니다. 바라옵기는 우리 가정이 이웃과 사회에서 축복된 가정이 되게 하시며, 하나님의 지혜를 허락하시사 머리가 될지언정 꼬리가 되지 않게 하시고 말씀대로 살게 하여 주옵소서. 예수님의 이름으로 기도드립니다. (아멘)

• 추석 명절설교 2 •

다윗의 집과 사울의 집

♬찬송 : 9(통53장), 353(통391), 348(통388)

"사울의 집과 다윗의 집 사이에 전쟁이 오래매 다윗은 점점 강하여 가고
사울의 집은 점점 약하여 가니라"(삼하 3:1)

전통적인 큰 명절에 공중 권세를 잡은 원수 마귀를 물리치시고 영적 전쟁에서 승리를 안겨주실 하나님께 감사를 드립니다. 오늘 우리 가정에 기쁨과 즐거움을 허락하신 하나님께 찬양을 드립니다. 이 시간 우리가 늘 치르는 영적 전쟁에 대하여 살펴보겠습니다.

1. 전쟁의 승패는 어디에 있습니까?

전쟁의 승패는 물질에 있는 것도 아니고 무기에 있는 것은 더욱 아닙니다. 그렇다고 인간의 수단과 방법과 머리를 맞대고 짜는 전략에 있는 것은 더더욱 아닙니다. 오직 하나님의 은혜와 능력이 있어야 할 것입니다. 승패는 여호와께서 누구와 함께 하느냐에 따라 결정됩니다.

"또 여호와의 구원하심이 칼과 창에 있지 아니함을 이 무리에게 알게 하리라 전쟁은 여호와께 속한 것인즉 그가 너희를 우리 손에 넘기시리라"고 다윗은 골리앗에게 말했습니다. 다음을 보시기 바랍니다.

"아침에 일찍이 일어나서 드고아 들로 나가니라 나갈 때에 여호사밧이 서서 이르되 유다와 예루살렘 주민들아 내 말을 들을지어다 너희는 너희 하나님 여호와를 신뢰하라 그리하면 견고히 서리라 그의 선지자들을 신뢰하라 그리하면 형통하리라"(대하 20:20)고 했습니다. 하나님을 신뢰하고 의지하면 견고함도 형통함도 함께 주십니다.

2. 승리의 비결은 어디에 있습니까?

사무엘하 5장 10절에 "만군의 하나님 여호와께서 함께 계시니 다윗이 점점 강성하여 가니라"고 했습니다. 승리의 비결은 사람에게 있는 것이 아니라 여호와 하나님이 어느 편에 서 주시느냐에 달려 있습니다. 그러므로 우리는 하나님을 모시고 사는 자들이 됩시다. 말씀으로 역사하시는 하나님, 성령님의 은총으로 깨달음을 주시는 하나님, 그 성호를 여호와라고 하신 전능하신 하나님은 우리의 방패가 되시고 능력이 되시며 구세주가 되십니다.

3. 하나님께서는 어떤 사람에게 함께 하십니까?

1) 범사에 믿음으로 하는 사람에게 함께 하십니다.

"아브라함이 나이가 많아 늙었고 여호와께서 그에게 범사에 복을 주셨더라"(창 24:1)고 했습니다.

믿음의 조상 아브라함이 받은 축복을 영적 후손인 우리도 함께 받아야 합니다. 우리도 복의 근원되신 전능하신 아버지 하나님으로부터 오는 은혜와 능력을 힘입어야 하겠습니다. 그리스도의 향기를 나타내고 증명하는 우리 모두가 되어 하나님께 영광을 돌립시다.

2) 기도하는 사람에게 함께 하십니다.

"아무것도 염려하지 말고 다만 모든 일에 기도와 간구로 너희 구할 것을 감사함으로 하나님께 아뢰라"(빌 4:6)고 바울은 말했습니다.

하나님께서는 항상 기도하는 자와 함께 하십니다. 기도는 하나님과 사람 사이에 놓인 신비한 능력의 통로로서 하나님과의 영적 교제를 위한 성도의 수단입니다. 우리가 감사함으로 간구할 때에 하나님은 문제 해결의 열쇠를 주십니다.

3) 말씀을 지키는 자에게 함께 하십니다.

"내 아들아 나의 법을 잊어버리지 말고 네 마음으로 나의 명령을 지키라 그리하면 그것이 네가 장수하여 많은 해를 누리게 하며 평강을 더하게 하리라"고 했습니다. 하나님의 말씀을 지킨다는 것은 말씀을 듣고 믿고 그대로 순종한다는 뜻입니다.

4) 주소를 하나님의 품에 둔 자에게 함께 하십니다.

어떤 사람이 승리의 삶을 살아갑니까? 다윗처럼 주소를 하나님께 두는 자가 승리의 삶을 살아갑니다(삼상 17:37). 만군의 여호와 하나님께서 함께 하심으로 다윗이 던진 물맷돌이 골리앗의 이마에 정통으로 박혔으며, 다윗은 마귀의 화신인 골리앗을 죽였습니다. 이 일로 인해서 그는 나중에 이스라엘의 왕이 되는 행운을 잡고 점점 강성해졌습니다. 이것이 하나님께서 믿는 자에게 함께 하신 증거인 것입니다. 우리도 이 믿음을 가지면 승리할 수가 있습니다. 이 승리의 축복이 오늘 이 자리에 내려지기를 기원합니다.

기도

승리의 하나님! 다윗의 집과 사울의 집이 전쟁을 오래도록 했지만 결국엔 믿음의 사람 다윗의 집이 승리했다고 합니다. 우리 가정, 우리 가문도 이 같이 하나님이 기뻐하시는 복 있는 가정으로 살아갈 수 있도록 은혜를 허락하여 주옵소서.

우리의 삶과 생활을 알게 하시고 인생의 우선순위가 어디에 있는지 깨닫게 하소서. 하나님의 지혜와 명철함을 힘입어서 그리스도 예수님의 사랑을 본받고 배우는 가정이 되게 하여 주옵소서.

또한, 이 민족을 통해서 복음이 더 많이 전파되게 하시오며 그리스도의 향기를 품는 가정이 되도록 인도하여 주시옵소서. 예수님의 이름으로 기도드립니다. (아멘)

• 추석 명절설교 3 •

나는 어떻게 살아가야 합니까

♬찬송 : 64(통13), 521(통213), 589(통308)

"주께서 호령과 천사장의 소리와 하나님의 나팔 소리로 친히
하늘로부터 강림하시리니 그리스도 안에서 죽은 자들이 먼저 일어나고 그 후에
우리 살아남은 자들도 그들과 함께 구름 속으로 끌어 올려 공중에서 주를 영접하게
하시리니 그리하여 우리가 항상 주와 함께 있으리라"(살전 4:16~17)

만물이 열매를 맺고 이제는 풍성한 과목으로 우리를 즐겁게 하는 이 계절에 이 같이 한자리에 모이게 하심을 하나님께 감사드립니다. 모든 부모님께서는 신앙 안에서 후손들이 모두 훌륭하게 되기를 소망하며 기도하시리라 생각됩니다. 부모님께서 세상을 떠나신 지 두 돌이 됩니다. 고인을 생각하며 잠시 은혜의 말씀을 살펴보도록 하겠습니다.

1. 무엇을 위하여 살아가야 합니까?

성경 고린도전서 4장 2절에 맡은 자에게 구할 것은 충성이라고 했습니다. 이 자리의 여러분은 어떤 분야, 어떤 직업으로 무엇을 위하여 얼마나 충성을 하면서 살아왔습니까? 하나님의 영광을 위하여 충성된 삶을 사셨습니까? 하나님보다 세상의 것들을 더 추구하지는 않으셨습니까?

하박국 선지자는 "비록 무화과나무가 무성하지 못하며 포도나무에 열매가 없으며 감람나무에 소출이 없으며 밭에 먹을 것이 없으며 우리에 양이 없으며 외양간에 소가 없을지라도 나는 여호와로 말미암아 즐거워하며"(합 3:17~18)라고 했습니다. 하박국은 비록 세상의 물질과 명예와 권세가 없을지라도 하나님 한 분 만으로 만족한 삶을 기뻐했습니다. 고귀한 신앙을 전수해 주시고 먼저 가신 고인의 신앙으로 우리가 믿음의 후손이 된 것을 하나님께 감사드립시다.

2. 무엇을 향해 달려가고 있습니까?

이 세상은 나그네길이요, 하숙생의 삶이요, 그리고 영원한 하늘나라를 위하여 준비하는 곳입니다. 구주 예수님을 잘 영접하여 믿음으로 산 사람은 영원한 천국에 들어갈 것이요, 그렇지 못한 불신자는 지옥으로 갈 수밖에 없습니다.

야고보 선생은 "영혼 없는 몸이 죽은 것 같이 행함이 없는 믿음은 죽은 것이니라"(약 2:26)고 했습니다. 그렇습니다. 천국시민권자인 우리의 믿음은 말로만 주여! 주여! 하는 것이 아니라 행함과 진실함으로 순종하는 믿음이 되어야 합니다.

"운동장에서 달음질하는 자들이 다 달릴지라도 오직 상을 받는 사람은 한 사람인 줄을 너희가 알지 못하느냐"(고전 9:24)고 바울 사도는 말했습니다. 많은 사람들이 향방을 잃은 채 목적지를 향해서 분주히 달려가고 있습니다. 우리들의 목적지는 어디입니까? 우리들의 목적지는 천국입니다.

우리는 천국의 시민권을 가진 자이므로 천국 길을 쉼 없이 달려가야 합니다. 그리고 푯대이신 예수님을 향해 세상의 모든 것을 배설물과 같이 여기고 달려야 합니다. 그리고 주님을 위해 노력한 상급을 받아야 합니다(빌 3:14). 지금 우리가 달려가고 있는 천국 길을 확신한다면 이 길을 날마다 달려가시기를 축원합니다.

3. 장차 무슨 상벌을 받습니까?

돌아가신 부모님이나 살아 있는 우리 모두에게는 하나님의 공의의 심판대 앞에 서는 날이 반드시 옵니다. 그리고 그때는 우리가 이 세상에서 행한 대로 상벌을 받을 것입니다.

성경은 "또 내가 크고 흰 보좌와 그 위에 앉으신 이를 보니 땅과 하늘이 그 앞에서 피하여 간 데 없더라. 또 내가 보니 죽은 자들이 큰 자나 작은 자나 그 보좌 앞에 서 있는데 책들이 펴 있고 또 다른 책이 펴졌으니 곧 생명책이라 죽은 자들이 자기 행위를 따라 책들에 기록된 대로 심판을 받으니"(계 20:11-12)라고 했습니다. 성경은 마지막 백보좌 심판의 모습을 잘 설명해 주고 있습니다. 우리는 땀을 흘리며 노력하되 값진 상을 받기 위하여 힘써야 할 것입니다. 우리가 무엇을 어떻게 행하는지에 따라서 상벌도 정해집니다.

주님께서는 "네가 죽도록 충성하라"(계 2:10하)고 하시며 죽도록 충성할 것을 권하고 있습니다. 왜냐하면 충성에는 큰 상급이 있기 때문입니다. 죽도록 충성하는 자는 생명의 면류관을 받을 것입니다. 곧 주님께서 호령과 천사장의 소리와 하나님의 나팔 소리로 친히 강림하신다고 했습니다.

재림하시는 주님을 향해 "오! 주여 어서 오시옵소서"라고 환영하는 우리 가정, 우리 모두가 되시기를 축원합니다.

기도

은혜의 하나님! 천국은 오직 주님 예수의 구속의 은혜로 들어가는 줄 믿습니다. 우리 가정, 우리 가문이 주님의 뜻대로 살아서 복음에 충성할 수 있도록 하시며 주님의 영광을 위해서 일하는 큰 일꾼으로 세워 주시옵소서.

우리 가문과 가정에서 세계에 많은 선교사를 파송하고, 복음의 파수꾼이 대거 등장하며 많은 목회자와 신학자도 배출하는 믿음의 가문, 가정 되게 하여 주시옵소서. 또한, 믿음으로 거룩한 삶을 사는 모두가 되도록 은혜를 내려 주시옵소서. 예수님의 이름으로 기도드립니다. (아멘)

• 추석 명절설교 4 •

주님을 주인으로 모신 가정

♬찬송 : 314(통511), 364(통482), 550(통248)

"대저 나를 얻는 자는 생명을 얻고 여호와께 은총을 얻을 것임이니라"(잠 8:35)

주님의 은혜가 여러분의 가정에 충만하시기를 축원합니다. 어떤 시베리아 지방에서는 생산된 우유를 얼음덩어리로 얼려서 각 가정에 배달한다고 합니다. 우리도 혹시 생명의 양식인 하나님의 말씀을 딱딱하게 굳히고 말려서 사람들에게 내놓지는 않습니까?

선지자 예레미야는 "나의 마음이 불붙는 것 같아서 골수에 사무치니 답답하여 견딜 수 없나이다"(렘 20:9)라고 하나님의 말씀을 전하지 않는 상태를 고백했습니다. 이 같은 외침이 설교자 자신의 것이 될 때 그가 전하는 말씀은 많은 영혼들을 구원의 반열에 세울 것입니다. 주님을 주인으로 모시는 가정은?

1. 하나님의 말씀을 지키는 가정입니다

"하나님의 말씀은 살아 있고 활력이 있어 좌우에 날선 어떤 검보다

도 예리하여 혼과 영과 및 관절과 골수를 찔러 쪼개기까지 하며 또 마음의 생각과 뜻을 판단하나니"(히 4:12)라고 했습니다. 우리는 사람의 혼과 영을 살리는 이 하나님의 말씀을 마음속 깊이 생명의 양식으로 삼고 삶과 생활에 적용해 나가는 자가 되어야 하겠습니다.

"모든 성경은 하나님의 감동으로 된 것으로 교훈과 책망과 바르게 함과 의로 교육하기에 유익하니"(딤후 3:16)라고 했습니다. 성경은 우리 영혼의 길잡이가 되는 하나님의 말씀입니다. 완벽한 하나님의 말씀을 길잡이로 삼고 이를 지키며 믿음으로 앞만 보고 달려갈 수 있기를 축복합니다.

2. 하나님의 말씀을 따르는 가정입니다

"아들이 있는 자에게는 생명이 있고 하나님의 아들이 없는 자에게는 생명이 없느니라"(요일 5:12)고 했습니다. 말씀을 따르는 자는 주님 예수 그리스도를 통하여 구원의 은총을 받습니다. 오늘 우리 가정에 주님을 주인으로 모시고 살아갈 수 있도록 은혜와 복을 허락해 주심을 기억하고 감사하시기를 바랍니다.

"이스라엘아 들으라 우리 하나님 여호와는 오직 유일하신 여호와시니 너는 마음을 다하고 뜻을 다하고 힘을 다하여 네 하나님 여호와를 사랑하라"(신 6:4~9)고 하심을 기억합시다. 우리 모두는 말씀을 잘 듣고 이행함으로 하나님께서 주시는 형통한 큰 복을 받아 누리기를 축원합니다.

3. 성읍에서도 들에서도 복을 받는 가정입니다

"네가 네 하나님 여호와의 말씀을 청종하면 이 모든 복이 네게 임하며 네게 이르리니 성읍에서도 복을 받고 들에서도 복을 받을 것이며"(신 28:2~3)라고 했습니다. 미국의 16대 대통령 아브라함 링컨은 성경 말씀 시편 37편 1절에서 7절까지의 다윗의 시를 인생의 좌우명으로 삼고 모든 정적들을 이기고 대통령까지 되신 분이십니다. 그분의 정신처럼 하나님의 말씀을 무기로 삼아 전진하시기를 바랍니다.

성경은 하나님 제일주의의 삶을 살아가라고 권면합니다. "여호와는 네게 복을 주시고 너를 지키시기를 원하며 여호와는 그의 얼굴을 네게 비추사 은혜 베푸시기를 원하며 여호와는 그 얼굴을 네게로 향하여 드사 평강 주시기를 원하노라 할지니라 하라"(민 6:24~26). 이것이 믿음의 사람, 하나님의 말씀을 제일주의로 삼고 나가는 가정에 주시는 하나님의 축복의 말씀입니다.

주님을 주인으로 모시는 가정에 주시는 축복은 매우 큽니다. 성경은 "여호와를 경외하며 그의 길을 걷는 자마다 복이 있도다 네가 네 손이 수고한 대로 먹을 것이라 네가 복되고 형통하리로다"(시 128:1~2)라고 했습니다. 또한 성경은 "그런즉 너희는 이 언약의 말씀을 지켜 행하라 그리하면 너희가 하는 모든 일이 형통하리라"(신 29:9)고 약속하였습니다. 하나님의 말씀을 지키고 따르는 가정에는 하나님께서 성읍에서도, 들에서도 어느 곳에 있든지 하늘 문을 여시고 이른 비와 늦은 비의 축복을 내리실 것입니다.

형통한 복이 무엇입니까? 이것은 누리고 베풀고 나누는 완전한 복을 말합니다. 이 같은 복은 항상 순종이라는 조건을 수반합니다. 오늘 이 자리에 둘러 앉은 모든 믿음의 권속들에게 하나님이 주시는 이 같은 복이 넘치기를 축복합니다.

기도

날마다 우리에게 영의 양식과 육의 양식을 풍성하게 베풀어 주시는 하나님 우리 아버지! 하나님을 알지 못하고 명절이 되면 조상을 신으로 착각하고 제사를 드리며 복을 받고자 우상 앞에 절을 하는 어리석은 자들이 많이 있습니다. 이 땅의 많은 사람들이 여호와 하나님을 경외함으로 복을 받게 하시오며 신령한 영의 양식으로 매일 채워 주옵소서. 주님을 주인으로 모시는 가정이 되어 주님의 인도하심을 받는 형통한 복을 함께 주시옵소서. 구주 예수님의 이름으로 기도드립니다. (아멘)

· 추석 명절설교 5 ·

계명을 지킴으로 얻어지는 복

♪찬송 : 220(통278), 542(통340), 412(통469)

"할렐루야, 여호와를 경외하며 그의 계명을 크게 즐거워하는 자는 복이 있도다
그의 후손이 땅에서 강성함이여 정직한 자들의 후손에게 복이 있으리로다
부와 재물이 그의 집에 있음이여 그의 공의가 영구히 서 있으리로다"(시 112:1~3)

예전에 베푼 만큼 복을 주시는 하나님을 믿고 신뢰하던 농부가 있었습니다. 어느 해에 큰 흉년이 들고 악성 유행병까지 겹쳐 삶이 매우 어려웠습니다.

그는 해마다 전도자들이 방문하면 단 한 번도 빈 손으로 보내지 않았습니다. 그런데 그 해는 너무 흉년이 들어서 먹을 것이 없어 식사 끼니도 제대로 해결하기가 어려웠습니다.

그럼에도 불구하고 이 농부는 전도자들이 찾아오자 모아두었던 도토리를 팔아 헌금을 했습니다. 해가 바뀌고 전도자들이 또 찾아왔을 때에 전도자들은 놀랍게도 농부가 큰 집으로 이사한 것을 보았습니다. 전도자들은 이 농부에게 어떻게 된 일이냐고 물었는데 농부는 병든 소가 넘어진 곳에 무엇이 튀어나와서 이상하여 땅을 파보았더니 그곳에서 황금이 많이 나와 부자가 되어 이제는 더 많은 사람들에게 자선을 베풀고 있다는 것이었습니다. 그는 정직하게 계명을 지키는 자에게 복을 주시는 신실하신 하나님을 체험한 것입니다. 우리가 계명을 지키면 하나님께 어떤 복을 받을까요?

1. 영육이 부요한 복을 받습니다

본문 3절에 "부와 재물이 그의 집에 있음이여 그의 공의가 영구히 서 있으리로다"고 했습니다. 또한 성경은 "깊도다 하나님의 지혜와 지식의 풍성함이여, 그의 판단은 헤아리지 못할 것이며 그의 길은 찾지 못할 것이로다"(롬 11:33)라고 했습니다. 하나님의 지혜로 사는 자는 영육이 부유하게 됩니다. 부요란 재물의 넉넉함을 말하는데 성경에서는 특별히 재물에 대해서 악하다고는 하지는 않지만 그 재물을 잘못 사용할 때에는 문제가 됨을 경고하고 있습니다.

여러분! 새겨들읍시다. 세상에 부요와 재물을 쌓으려고 애쓰지 말고 하나님 나라의 창고에 저축하기 위해서 힘쓰고 애쓰는 축복된 믿음의 사람들이 모두 되시기를 축원합니다. 궁극적으로 볼 때 하늘에 쌓아둔 보물, 영적인 부요함이 우리의 삶을 값지게 합니다.

2. 강성해지는 복을 받습니다

"만군의 여호와께서 함께 계시니 다윗이 점점 강성하여 가니라"(대상 11:9)고 성경은 말했습니다. 강성함이란 세력이 강해지고 점점 왕성해 가는 모습을 말합니다. 왕성함이란 힘이 넘치고 누구하고든지 견주어 물러섬이나 후퇴함이 없음을 말합니다. 삼손이 사사로 있을 때에 여호와 하나님께서 그와 함께하셔서 나귀 턱뼈로 대적 블레셋 병사 삼천 명을 죽이기도 했습니다. 우리도 주의 계명을 잘 지켜 삼손같이 용맹하고 다윗 같이 강성한 믿음의 사람으로서 승리하는 축복의 사람들이 모두 되시기를 축복합니다.

3. 후손이 복을 받습니다

"할렐루야, 여호와를 경외하며 그의 계명을 크게 즐거워하는 자는 복이 있도다. 그의 후손이 땅에서 강성함이여 정직한 자들의 후손에게 복이 있으리로다"(시 112:1~2)라고 성경 본문은 말하고 있습니다. 이 시간 우리들이 해야 할 일은 무엇입니까? 그것은 하나님의 계명을 즐거운 마음으로 지키는 것입니다. 그럴 때 우리의 후손이 복을 받습니다. 매사에 우리는 하나님의 말씀을 힘써 지키도록 잘 훈련해야 합니다. 그러나 우리가 꼭 기억하고 조심해야 할 것은 하나님의 축복으로 강성해질 때 교만은 금물인 것을 잊지 말아야 합니다.

4. 신앙의 동요가 없는 믿음으로 살아갑시다

본문 6절에서 의인은 영원히 기억된다고 했습니다. 의인이란 하나님이 인정하는 사람을 가리킵니다. 성도는 하나님이 인정할 뿐만 아니라 기념될 일을 하는 사람입니다. 진정으로 정직한 자는 하늘이 무너져도 두려울 것이 없는 사람을 말합니다. 두려움은 형벌을 따르는 일에만 일어나기 때문입니다.

본문 5절에 "은혜를 베풀며 꾸어 주는 자는 잘 되나니 그 일을 정의로 행하리로다"라고 했습니다. 심고 거두며 베풀고 나누는 자는 잘된다고 했습니다. 우리 모두 말씀을 실행하여 동요 없는 신앙으로 하나님께 인정받고 축복을 받도록 합시다.

기도

감사의 하나님! 세상은 날마다 메말라갑니다. 이것은 우리가 진리 안에서 살지 않으면 안 됨을 보여주고 있습니다. 우리가 세상을 살아갈 때에 아무리 힘이 들고 어려워도 그리스도 예수 안에서 살아갈 수 있도록 인도하여 주시옵소서.

오늘 하나님의 말씀을 통해서 강건하고 굳센 믿음을 배웠사오니 잘 되는 비결을 행하게 하시고 굳센 믿음으로 살며 복 있는 후손, 복 있는 가정으로 살도록 인도하여 주시옵소서. 아울러 이 세상을 헤쳐 나갈 때에 더욱 굳건한 믿음으로 나가게 하시옵소서. 예수님의 이름으로 기도합니다. (아멘)

• 추석 명절설교 6 •

영생의 소망

♬찬송 : 154(통369), 93(통93), 620

"아버지께서 내게 주시는 자는 다 내게로 올 것이요
내게 오는 자는 내가 결코 내쫓지 아니하리라"(요 6:37)

하나님의 은혜가 모두에게 임하기를 축원합니다. 명절은 참으로 즐거운 날이요 행복한 날입니다. 이 즐거운 명절에 하나님의 말씀을 귀 담아듣다가 큰 은혜를 입는 축복이 있기를 기원합니다.

1. 왜 우리에게 소망이 있는 것입니까?

그것은 우리가 하나님의 예정을 받았다는 사실 때문입니다. 예정이라는 말 자체를 세상 사람들은 잘 알지 못합니다. 우리가 잘났거나 믿음이 좋아서 미리 선택받은 것이 아니라 하나님의 예정 가운데 우리가 택함을 받았다는 것이 매우 중요합니다. "영생은 곧 유일하신 참하나님과 그가 보내신 자 예수 그리스도를 아는 것이니이다"(요 17:3)라고 성경은 말했습니다. 이 영생의 복은 구원의 복이요, 하나님의 아들 예수 그리스도를 믿는 자만이 들어갈 수 있는 천국을 소유하는 축복의 은혜를 말합니다. 그리고 그 천국은 누구나 다 쉽게 들어가는 곳이 아니요 오직 그리스도 예수 안에서만이 들어갈 수 있는 곳입니다. 그 축복의 천국에 들어가는 사람만이 천국에서 누리는 복을 허락받았다는 사실을 잊어서는 안 될 줄로 믿습니다. 우리에게 소망이 있는 것은 우리가 이미 천국에 들어가기로 예정되어 선택받고 영생을 누리게 되기 때문입니다.

2. 영생의 소망을 누리기 위해서는 어떻게 해야 합니까?

예수 그리스도를 나의 생명의 구주로 소망하는 믿음을 가져야 합니다. 성경은 "죄의 삯은 사망이요 하나님의 은사는 그리스도 예수 우리 주 안에 있는 영생이니라"(롬 6:23)고 했고, 또 "의인은 없나니 하나도 없으며"(롬 3:10)라고 했고, "복음에는 하나님의 의가 나타나서 믿음으로 믿음에 이르게 하나니 기록된 바 오직 의인은 믿음으로 말미암아 살리라 함과 같으니라"(롬 1:17)고 했습니다.

이 같이 온전하게 하나님을 믿는 믿음과 예수 그리스도가 나의 구세주인 것을 믿는 믿음이 매우 중요합니다. "사람이 마음으로 믿어 의에 이르고 입으로 시인하여 구원에 이르느니라"(롬 10:10)고 했는데 이 같이 확실하게 마음으로 받아들이고 입술로 고백한 사실을 시인하는 행위가 매우 중요합니다.

그리고 예수 그리스도의 보혈의 능력을 마음속 깊이 새겨야 합니다. "그 아들 예수의 피가 우리를 모든 죄에서 깨끗하게 하실 것이요"(요일 1:7)라는 이 같은 고백을 하는 믿음도 귀한 믿음입니다. "아들이 있는 자에게는 생명이 있고 하나님의 아들이 없는 자에게는 생명이 없느니라"(요일 5:12)는 말씀처럼 이 같은 귀하고 복된 은총을 받은 우리에게 영생의 값진 은혜 주심을 주님께 감사하고 감격하며 살기를 축원합니다.

3. 온전한 믿음으로 새로 태어나야 합니다

새롭게 태어난다는 것은 사람이 거듭난다는 말입니다. 다르게 말한다면 '중생하다' 입니다. 성경은 "할례나 무할례가 아무것도 아니로되 오직 새로 지으심을 받는 것만이 중요하니라"(갈 6:15)고 했고, 또 "이는 혈통으로나 육정으로나 사람의 뜻으로 나지 아니하고 오직 하나님께로부터 난 자들이니라"(요 1:13)고 했습니다. 이 같이 우리는 사람의 혈통으로 거듭나거나 새롭게 태어남이 아니라 하나님의 자녀로 새롭게 태어났으며 성령으로 중생하여 새로운 피조물이 된 복된 존재입니다.

이제까지는 형편 따라 살아왔고, 환경의 지배를 받는 삶과 생활을 해왔지만, 이후로는 하나님의 자녀로서 양자가 된 새로운 피조물이 되었기에 확실하게 성령 중심으로 삶을 살아가시기를 축원합니다.

기도

하나님 아버지! 주님의 은혜로 우리를 택하여 주시고 하나님의 자녀 삼아 주심을 감사드립니다. 과거에는 내 마음대로 내 멋대로 삶과 생활한 이 죄인을 용서하여 주시고 성령으로 중생하여 새 사람이 되게 하옵소서. 오직 하나님의 말씀 따라 믿음의 삶을 살 수 있도록 은혜를 주옵소서. 예수님의 이름으로 기도드립니다. (아멘)

• 추석 명절설교 7 •

겸손과 여호와를 경외하는 보상

♩찬송 : 40(통43), 347(통382), 79(통40)

"겸손과 여호와를 경외함의 보상은 재물과 영광과 생명이니라"(잠 22:4)

성경 잠언은 우리에게 영적 깊이를 더하고 있습니다. 오늘 본문이 무엇을 교훈하고 있으신지 살펴보고 은혜를 나누고자 합니다.

1. 영적 교훈을 지킨다는 것은 무엇입니까?

1) 여호와를 경외해야 합니다.

여호와를 경외한다는 말에는 '두려워하다', '떨다'라는 뜻이 있지만 이 말씀은 무서움에서의 공포감이 아닌 하나님의 주권과 영광을 인정하는 거룩한 두려움을 말합니다. 이것은 곧 경건한 공포심으로 좋은 마음, 경건한 마음으로 삼가 조심해서 하나님을 섬긴다는 깊은 뜻이 내포되어 있습니다.

2) 하나님을 섬기는 신앙인은 겸손해야 합니다.

겸손이란 자기 자신의 마음을 낮추며 행동으로 상대방을 인정하는 행위를 말합니다. 하나님을 섬기는 하나님의 백성이 겸손함으로 얻게 될 것을 살펴보면 다음과 같습니다.

① 기도의 응답을 받으며

"여호와 앞 곧 내 앞에서 겸비하여 옷을 찢고 통곡하였으므로 나도 네 말을 들었노라"(왕하 22:19).

② 구원을 얻으며

"이에 이스라엘 방백들과 왕이 스스로 겸비하여 이르되 여호와는 의로우시다 하매 여호와께서 그들이 스스로 겸비함을 보신지라"(대하 12:6~7). 여호와 하나님은 스스로 겸손해 하는 자들을 축복하며 은혜를 허락하십니다.

③ 주께서 높여 주시며

"주 앞에서 낮추라 그리하면 주께서 너희를 높이시리라"(약 4:10).

④ 주께서 돌보아 주시며

"여호와께서는 높이 계셔도 낮은 자를 굽어 살피시며 멀리서도 교만한 자를 아심이니이다"(시 138:6).

⑤ 기쁨이 충만하게 됩니다.

"겸손한 자에게 여호와로 말미암아 기쁨이 더하겠고 사람 중 가난한 자가 이스라엘의 거룩하신 이로 말미암아 즐거워하리니"(사 29:19).

2. 어떤 보상이 따릅니까?

1) 재물을 얻습니다.

재물이나 돈은 그 자체가 악한 것이 아니라 이것들을 잘못 사용하면 하나님 나라에 들어가는 데 걸림돌이 됩니다. 돈을 숭배하고 재물의 노예가 되는 것이 문제가 됩니다.

그러므로 조심하여 하나님이 허락하신 재물을 선하게 사용하면 큰 은혜가 됩니다. 재물을 선하게 사용하는 것은 나중에 참된 생명을 취하는 것입니다(딤전 6:19).

2) 영광된 일이 됩니다.

이 세상에서 참된 영광을 취하실 분은 하나님과 독생자 예수님밖에 없습니다. 그러나 우리가 주의 이름으로 선한 싸움을 싸울 때에 그 영광을 맛볼 수가 있습니다. 우리 하나님 아버지께서 은혜를 사모하는 자에게 참된 영광을 안겨 주시는 것입니다. 영광이란 빛과 같이 빛나는 명예를 가리키는 말입니다.

3) 생명을 얻습니다.

우리에게 주신 생명도 귀중하지만 그보다 더 귀한 것은 영적인 생명입니다. 이 생명은 오직 하나님의 말씀을 따르고 지키는 자들에게 주시는 것입니다. 이 생명을 소유한 성도들에게 구원의 은총을 허락하시는 것입니다. 이 생명으로 성도는 하나님의 나라를 소유하는 것입니다.

우리가 더없이 값지고 귀한 생명을 얻기 위해서는 정결하게 살며 자녀나 후손들에게 이 말씀을 가르치며 함께 노력하고 힘써 나가야 할 것입니다. 그렇게 행할 때에 하나님이 주시는 큰 상급과 보상을 받습니다. 이 큰 은혜와 축복이 모두에게 있기를 축원합니다.

기도

거룩하신 하나님! 우리에게 믿음을 주심을 감사하옵고 더욱 값지게 살 수 있도록 하늘나라의 신령한 양식을 부어 주시옵소서. 하나님! 거룩한 영혼과 건강한 몸과 선한 물질로 우리의 이웃을 구원하고 섬기며 사랑하면서 베풀고 나누는 복을 부어 주시옵소서.

생명 되신 주님만 사랑하며 복음의 말씀을 이웃에게 전하면서 살게 하옵소서. 더불어서 모든 후손들이 믿음의 생활에서 이탈함이 없도록 성령님의 은혜를 부어 주시옵소서. 예수님의 이름으로 기도드립니다. (아멘)

• 추석 명절설교 8 •

현숙한 여인처럼

♬찬송 : 280(통338), 358(통400), 430(통450)

"누가 현숙한 여인을 찾아 얻겠느냐 그의 값은 진주보다 더 하니라 그런 자의 남편의 마음은 그를 믿나니 산업이 핍절하지 아니하겠으며 그런 자는 살아 있는 동안에 그의 남편에게 선을 행하고 악을 행하지 아니하느니라"(잠 31:10~12)

이 시간 오랜만에 모인 것 같습니다. 모두에게 감사드리며 즐거운 명절 되시기를 바랍니다. 오늘은 현숙한 여인이라는 제목의 설교로 서로 은혜를 나누고자 합니다.

1. 현숙한 여인의 모습입니다

이 여인이 얼마나 부지런한지를 성경은 다음과 같이 말합니다.

① 13절의 "양털과 삼을 구하여 부지런히 손으로 일하며." 이 말씀은 현숙한 여인은 가족들의 생활 양식을 위해서 길쌈을 게을리하지 않으며 힘든 일도 기쁨으로 한다는 말입니다.

② 14절의 "민 데서 양식을 가져 오며." 이 같은 행동은 자신의 소출

을 내는 자기 밭이 아니라 타인의 밭에 가서 곡식을 품삯으로 받아옴을 말합니다. 할 수 없는 고된 일들을 몸도 아끼지 않으며 열심히 일한다는 말씀입니다.

③ 15절의 "밤이 새기 전에 일어나서 자기 집안 사람들에게 음식을 나누어 주며." 이는 집안의 모든 대소사를 잘 처리한다는 말입니다.

2. 현숙한 여인의 신앙입니다

현숙한 여인은 신앙적으로도 여호와를 잘 경외하였습니다. 오늘 우리 가정에도 이처럼 현숙한 사람이 많이 나올 수 있기를 원합니다. 성경 룻기에 나오는 여인 룻의 봉사와 헌신의 정신은 그녀를 성경에서 위대한 여인의 반열에 올려 놓았습니다. 가정을 위하고 부모를 위한 효성이 매우 뛰어난 그녀는 이방 여인이었으나 하나님의 축복으로 다윗 왕의 가문에 이름을 올렸습니다.

1) 현숙한 여인의 신앙

본문 30절에 "고운 것도 거짓되고 아름다운 것도 헛되나 오직 여호와를 경외하는 여자는 칭찬을 받을 것이라"고 그녀의 신앙을 칭찬했습니다.

2) 부모님에게 효도하는 신앙인

"어머니께서 가시는 곳에 나도 가고 어머니께서 머무시는 곳에서 나도 머물겠나이다 어머니의 백성이 나의 백성이 되고 어머니의 하나님이 나의 하나님이 되시리니"(룻 1:16하)라고 룻은 고백했습니다. 이처럼 룻은 현숙한 여인이요, 신앙적으로도 모범이 되는 효도의 여인인 것을 보여주고 있습니다.

이러한 효도의 신앙은 우리 모두가 본받아야 할 신앙입니다. 성경은 십계명에서 부모에 대한 효를 피력하기를 "제오는, 네 부모를 공경하라. 그리하면 네 하나님 여호와가 네게 준 땅에서 네 생명이 길리라"고 했습니다. 이 같이 효도는 그 후손들에게도 큰 축복이 됨을 말해 줍니다.

또한 현숙한 여인은 그의 남편을 선한 모습으로 섬기며 남편에 대한 충성심이 대단히 강한 여인임을 보여 줍니다. "그런 자는 살아 있는 동안에 그의 남편에게 선을 행하고 악을 행하지 아니하느니라"(잠 31:12)고 했습니다. 이 성경 구절은 현숙한 여인의 남편에 대한 사랑과 의무를 잘 나타내주고 있습니다.

이 여인은 천국에 대한 소망이 확실할 뿐만 아니라 현세의 삶도 복을 받을 만한 모범된 삶을 살았습니다. 이 자리에 함께한 모든 이들이 배우고 본받기를 바랍니다. 우리 가문에도, 우리 가정의 여인들도 이 같은 축복된 아름다운 여인상을 준비하는 가정이 됩시다.

3. 여호와를 경외하는 뜨거운 신앙인입니다

"고운 것도 거짓되고 아름다운 것도 헛되나 오직 여호와를 경외하는 여자는 칭찬을 받을 것이라 그 손의 열매가 그에게로 돌아갈 것이요 그 행한 일로 말미암아 성문에서 칭찬을 받으리라"(잠 31:30~31)고 했습니다. 이 구절은 현숙한 여인은 주를 향한 신앙심도 대단함을 보여줍니다.

여호와를 경외하는 자들은 첫째는, 환난에서 건짐을 받으며(시 34:7) 둘째는, 존귀함을 받으며(시 15:4) 셋째는, 자손들이 형통하게 되며(신 5:29) 넷째는, 늘 양식이 끊어지지 않습니다(시 111:5).

오늘 이 시간 모두 하나님을 경외하는 자들이 되어 주님이 주시는 축복을 받으시기를 축원합니다.

기도

사랑의 하나님! 이 시대에 모두가 본받아야 하는 아름다운 모범된 신앙의 모습을 보면서 이 같은 신앙으로 아름답게 다듬어지는 후손들이 될 수 있기를 소망합니다. 오직 전능하신 하나님의 말씀 앞에 부끄럽지 않은 믿음으로 굳게 세워지는 가정이 되기를 소망합니다.

더욱 크신 은총을 허락하여 주시옵소서. 또한, 교회와 가정도 이 같은 신앙으로 무장하여 혼탁한 이 사회가 밝아질 수 있기를 예수님의 이름으로 기도합니다.(아멘)

• 추석 명절설교 9 •

행복한 삶

♬찬송 : 524(통313), 262(통196), 302(통308)

"하나님이 모든 것을 지으시되 때를 따라 아름답게 하셨고
또 사람들에게는 영원을 사모하는 마음을 주셨느니라
그러나 하나님이 하시는 일의 시종을 사람으로 측량할 수 없게 하셨도다"(전 3:11)

옛날, 어느 마을에 한 농부가 살았습니다. 어느 날, 그는 큰 호박을 쳐다보며 "참 이상하지 하나님은 이 큰 호박을 저 큰 도토리나무에나 열게 할 것이지 왜 이렇게 연약한 줄기에 달리게 했을까?"라고 중얼거렸습니다. 하나님이 미련해서인가 하며 고개를 갸우뚱하였습니다.

그는 가을 하늘의 햇볕이 따가워서 도토리나무 밑에 잠시 누웠습니다. 그때 도토리 알 하나가 뚝 하고 이마에 떨어졌습니다. 그때 불현듯 생각이 났습니다. 만약에 큰 호박이 뚝 하고 내 이마에 떨어졌으면 큰일 날 뻔하지 않았는가? 그때서야 그는 깨달았습니다. "그래서 하나님이 도토리나무에 호박이 아닌 도토리를 열리게 하셨구나!" 하고 하나님께 감사했다는 이야기입니다.

삶의 현장의 사건 속에서 깨달음을 주신 것도 감사한 일입니다. 이 자리에 계신 여러분! 행복한 삶을 살고자 하십니까?

1. 현실의 삶에 충실합시다

인간은 행복을 추구하며 살 수 있는 자격이 있습니다. 왜냐하면, 하나님이 행복의 조건을 주셨기 때문입니다. 모세는 신명기에서 행복을 위하여 어떻게 하는 것이 옳은가를 다음과 같이 가르쳐 주고 있습니다.

"내가 오늘 네 행복을 위하여 네게 명하는 여호와의 명령과 규례를 지킬 것이 아니냐"(신 10:13). 이 말씀은 하나님께서 일찍이 모세를 통해서 이스라엘에게 축복의 메시지로 주신 말씀입니다. 이 말씀은 우리가 하나님의 법도를 잘 이행하고 따르는 결과가 결국은 자신의 행복을 위한 길임을 말해 주고 있습니다.

구약시대에 야곱의 열한 번째 아들인 요셉은 매우 성실했고 큰 꿈을 가진 사람이었습니다. 그는 애굽에 노예로 팔려가서 보디발의 집에서 가정총무를 할 때나, 억울하게 감옥에 갇혔을 때나 애굽의 총리가 되었을 때에도 삶에 충실했습니다. 이런 요셉에게 하나님은 함께 하셨습니다. 그의 희생과 순종, 순결과 인내의 삶은 가히 그리스도의 모형이 될 만합니다. 성경은 자신에게 주어진 달란트에 충실할 것을 가르치고 있습니다(마 25:23).

2. 영원을 사모하는 자가 됩시다

본문 11절에 "또 사람에게는 영원을 사모하는 마음을 주셨느니라"라고 했습니다. 사람은 본래 영적인 존재이므로 영원성과 절대성을 확립하지 못하면 행복해질 수가 없습니다.

따라서 오직 여호와에 대한 신앙을 회복해야 행복해질 수가 있습니다. 성경은 "내가 오늘 네 행복을 위하여 네게 명하는 여호와의 명령과 규례를 지킬 것이 아니냐"(신 10:13)고 강조했습니다. 이 같이 말씀을 따라 사는 것이 행복입니다. 영원을 사모하는 자는 그 정신 속에 분명한 가치 기준이 있어야 합니다.

"천지는 없어질지언정 내 말은 없어지지 아니하리라"(마 24:35)고 주님은 말했습니다. 우리가 하나님의 말씀을 믿어야 할 자세와 이유가 여기에 있습니다. 영원토록 변하지도 쇠하지도 사라지지도 않는 영원 불변의 하나님의 말씀은 곧 생명의 말씀이기 때문입니다.

3. 자족하며 감사하는 신앙인이 됩시다

아무리 돈이 많고 젊고 지위가 높은 사람이라 할지라도 자족할 줄 모르면 결코 행복해질 수가 없습니다. 그러므로 하나님께서 우리에게 영적 감각을 허락하여 주셨다는 것이 얼마나 감사한지 모릅니다.

전도서 3장 13절에서 "사람마다 먹고 마시는 것과 수고함으로 낙을 누리는 그것이 하나님의 선물인 줄도 또한 알았도다"라고 했습니다. 이 추석 명절에 우리의 작은 노력에 하나님의 축복의 손길이 더하여져서 풍성한 곡식과 과목을 먹게 하신 하나님의 은혜에 감사하며 행복한 명절이 되기를 바랍니다.

이 세상이 육신의 삶으로만 끝이 난다면 얼마나 허망합니까? 그러나 우리에게 영적 감각을 주시고, 내세의 천국을 소망하는 믿음을 조상들을 통해서 전수받게 하신 하나님께 감사하는 모두가 되시기를 바랍니다.

기도

자비하신 하나님! 우리의 삶이 이 세상에서 끝나는 것이 아니라 영원한 천국, 곧 하나님의 나라를 소망하게 하심을 감사드립니다. 더 큰 믿음을 주시며 많은 사람들을 옳은 길로 인도할 수 있는 힘과 믿음을 주시옵소서.

주님 오실 때까지 거룩을 행진하는 믿음도 허락하여 주시옵소서. 우리 가정이 진정 주님의 말씀 따라 믿음의 길을 달려갈 수 있도록 은혜를 더하여 주시옵소서. 구주 예수님의 이름으로 기도드립니다. (아멘)

• 추석 명절설교 10 •

추모 예배

♬찬송 : 480(통293), 360(통402), 608(통292)

"그의 영혼은 평안히 살고 그의 자손은 땅을 상속하리로다 여호와의 친밀하심이 그를 경외하는 자들에게 있음이여 그의 언약을 그들에게 보이시리로다 내 눈이 항상 여호와를 바라봄은 내 발을 그물에서 벗어나게 하실 것임이로다"(시 25:13~15)

그동안 떨어져 있던 형제자매들이 한자리에 모여 추모 예배를 드리게 됨을 무한히 기쁘게 생각합니다. 부모님께서 하늘나라로 가신 지 벌써 두 해를 맞이하게 되었습니다. 사모함이나 그리움을 달래고 주님의 위로와 평안이 있기를 기도합니다.

우리가 오늘 이 자리에 모인 것은 고인의 뜻을 새기면서 우리에게 믿음을 아름답게 전수해 주신 그 은혜를 감사하면서 하나님께 영광을 돌리고자 함입니다. 그리고 형제간에 어려움이나 고난은 없는지를 살펴보며 고인의 뜻을 다시 한 번 되돌아보는 시간이 되도록 합시다.

1. 추모 예배의 목적입니다

추모 예배를 드리는 데는 목적이 있습니다. 추모 예배는 단순히 형식만으로 드려지는 예배가 아닙니다. 추모 예배를 드릴 때는 우리 후손들이 죄를 범하지 않고 하나님의 뜻한 바를 바로 알고 실수하지 않는 믿음으로 살기를 바라는 간절함이 있어야 합니다. 이제 그 하나님의 뜻한 바가 무엇인지 간략하게 살펴보고 은혜를 나누고자 합니다.

1) 고인의 유덕을 그려보는 것입니다.

그분께서 어떤 삶을 사셨고 우리에게는 어떤 교훈을 주셨는지 생각해 보는 것입니다.

2) 고인이 남겨주신 교훈을 새겨보는 것입니다.

그분이 살아 생전에 무엇을 위해서 사셨고 무슨 교훈을 우리에게 말씀해 주셨는지 생각해 보는 것입니다. 우리에게 믿음의 뿌리를 내려주신 그 은혜를 오늘도 새겨보아야 합니다.

3) 우리 자신이 고인의 뜻대로 살고 있는지 살펴보는 것입니다.

우리가 이 시간에 고인의 유덕과 교훈대로 삶을 살아왔는지 반성해 보는 것입니다. 부모님께서 살아 계실 때는 어떠했는데 지금 우리들의 신앙생활은 어떻게 흘러가고 있는지를 살펴봅시다.

4) 새로운 결심을 다짐해 봅니다.

고인의 믿음은 이러했는데 우리는 혹시 기도나 말씀 보는 일에, 또는 교회 봉사하는 일에 소홀하지는 않았는지 생각해 보고 못다 한 일들이 있다면 철저하게 회개해야 할 것입니다.

5) 성령님의 인도하심과 축복을 간구하는 데 뜻이 있습니다.

인생들은 너무나도 연약하기에 우리들 스스로는 아무것도 마음대로 행할 수가 없습니다. 그러므로 끊임없이 성령님께 간구하면서 인도받기를 기도해야 할 것입니다.

2. 영혼이 평안히 거합니다

죄로부터 오염되었고 끊임없이 갈등하며 번뇌하고 고통 가운데 살아가는 것이 인생의 영혼입니다. 그런데 고인께서 좋아하신 말씀인 "수고하고 무거운 짐 진 자들아 다 내게로 오라 내가 너희를 쉬게 하리라"(마 11:28)고 하심은 예수님께서 자신의 안식이 되심을 말합니다.

"나는 그들이 병들었을 때에 굵은 베 옷을 입으며 금식하여 내 영혼을 괴롭게 하였더니 내 기도가 내 품으로 돌아왔도다"(시 35:13)라고 성경은 말하고 있습니다. 이것은 결국 기도한 일이 헛되지 않아서 그 영혼과 몸에 도움이 되었다는 말입니다. 염려와 근심 걱정이 없는 세상을 추구하며 고인이 아브라함의 품 안에서 안식함을 감사하면서 우리도 그 나라를 사모하는 자들이 모두 되어야 할 것입니다.

3. 하나님의 보호하심과 인도하심을 받는 후손이 됩시다

하나님의 보호와 인도는 하나님을 경외함으로 얻어지는 복입니다. 하나님을 섬기는 믿음의 후손들이 유념해야 할 일은 끊임없이 인내하며 믿음을 끝까지 지켜나가야 한다는 것입니다.

부모님께서는 살아 생전에 우리를 위해 염려, 근심, 걱정 속에서 사셨습니다. 우리는 이제는 우리 스스로 우리의 앞길을 개척해 나가야 할 것입니다. 또 인내한다는 것은 하나님 편에 서서 오래 참으라고 하는 말입니다. 인내하면서 우리가 지켜 나가야 할 것이 있습니다. 그것은 곧 불평하지 않는 것입니다.

성경은 "여호와 앞에 잠잠하고 참고 기다리라 자기 길이 형통하며 악한 꾀를 이루는 자 때문에 불평하지 말지니라"(시37:7)고 했습니다. 성경은 인내하면서 참고 기다리는 자에게 주시는 복이 있는데 그 복이 놀랍게도 형통한 복이라고 했습니다.

본문 13절에는 "그의 영혼은 평안히 거하고 그의 자손은 땅을 상속하리로다"라고 했습니다. 이것은 고인의 믿음의 유산을 힘입어 우리의 행복한 삶을 깨우쳐 주고 있습니다. 이 시간 우리에게 축복의 유산으로 물려주신 말씀의 양식을 잘 받아 누리는 축복이 있기를 축원합니다.

이 세상에서 가장 행복한 사람은 어떤 사람입니까? 그것은 하나님을 경외하며 하나님의 보호하심과 인도하심을 받는 믿음의 사람입니다. 이 믿음이란 돈으로나 물질로는 얻을 수도 구할 수도 살 수도 없는 것입니다.

우리는 하나님의 자녀가 되었으므로 아무리 힘들고 어려운 상황 속에서도 하나님의 자녀라는 자부심으로 세상을 슬기롭게 헤쳐 나가며 신앙의 승리를 구가하는 모두가 되시기를 축복합니다.

기도

하나님 우리 아버지시여! 부모님을 통해서 남겨 주신 믿음의 유산들을 점검해 보았습니다. 지난날을 돌이켜 볼 때 불효한 부분들이 너무나도 많았습니다. 회개하오며 이제 주 안에서 위로와 소망을 품에 안고 고인을 통해서 남기신 교훈대로 살게 하옵소서. 고인이 남겨 주신 말씀 따라 살지 못함을 용서하시고 우리에게 긍휼을 베풀어 주시고 승리하는 믿음을 허락하여 주옵소서. 예수님의 이름으로 기도드립니다. (아멘)

• 알아두기 / 예배의 정의

예배란 무엇인가?

"그러므로 형제들아 내가 하나님의 모든 자비하심으로 너희를 권하노니 너희 몸을 하나님이 기뻐하시는 거룩한 산 제물로 드리라 이는 너희가 드릴 영적 예배니라"(로마서 12:1)

1. 하나님께서는 제사(예배)를 요구하십니다

우리가 하나님의 백성으로서 가장 소중하게 여기고 존중해야 하는 것은 하나님께 예배를 드리는 일입니다. 예배란 무엇입니까? 구약성경에서는 예배라는 용어가 초기에는 많이 나타나지 않습니다만 예배에 대한 행위의 표현을 "가인은 땅의 소산으로 제물을 삼아 여호와께 드렸고"(창 4:3)라고 했으며, 또 "그 때에 사람들이 비로소 여호와의 이름을 불렀더라"(창 4:26)라고 했고, 또 족장시대에는 "여호와께 그가 그 곳에서 제단을 쌓고"(창 12:7)라고 기록하여 제사(예배)의 모습을 표현했습니다. 이 같은 행위가 점차 예배의 형식이 되었습니다.

2. 예배의 본질적 의미는?

예배는 봉사를 가리키는 히브리어 '아바드'가 사용되었는데 이 말은 노예나 혹은 고용된 종들의 노동을 의미했으며, 이 말이 여호와 하나님과 관련되면서부터는 봉사의 행위를 나타냈으며, 그 뜻은 제의(祭儀)라고 하여 하나님께 제물을 드리는 형식이었습니다. 그리고 후대에서 일반적으로 레위인들의 회막 봉사를 의미하는 말로 사용되었습니다.

신학자 윌리엄 템플(William Temple)은 '예배한다는 것은 하나님의 거룩하심을 힘입어 양심을 민감하게 하는 것이며, 하나님의 진리로서 심령을 풍부하게 하는 것이며, 하나님의 아름다움으로 생각을 정결케 하고, 하나님의 사랑을 향해 마음 문을 여는 것이며, 하나님의 목적하신 뜻을 받들어 봉사하는 것' 이라고 정의하고 있습니다.

3. 가정 예배란?

가정 예배는 매일 일정한 시간에 모든 가족이 함께 모여 성경을 읽으며 기도함으로 주님께 예배드리는 행위를 말합니다. 모든 가족이 함께 모여 하나님께 예배를 드리고 하루의 삶을 시작하거나 되돌아보는 가정 예배는 참으로 하나님 앞에 좋은 모습입니다.

가정 예배의 인도자는 그 가정의 호주가 하는 것이 원칙이나 경우에 따라서는 어머님과 자녀 중에서 해도 무방합니다. 문제는 어느 시간에 드리느냐는 것인데 아마도 식사시간 전후에 간단하게 드리는 것이 좋을 듯합니다.

가정 예배의 유익한 점은 가정 예배를 통해서 기도하지 못한 자가 기도를 배우게 되고, 기도를 해봄으로써 그 수준이 발전하게 되며, 지속적으로 하다 보면 성경 지식도 높아집니다.

예수님께서는 "하나님은 영이시니 예배하는 자가 영과 진리로 예배할지니라"(요 4:24)고 수가 성 사마리아 여인의 물음에 답하셨습니다.

신약에서 예배에 대한 헬라어는 "프로스키네오" 또는 "퀴네오"인데 이 말의 뜻은 "입 맞추다, 키스하다"입니다. 다시 말해서 예배라는 단어의 뜻은 하나님과 얼굴을 마주 대고 입 맞추다, 또는 키스 한다는 의미로서 이는 하나님을 사랑하고 존경을 표시하는 것이 곧 예배라고 정의하고 있습니다.

4. 예배의 발전

(1) 에덴 동산에서 인류의 시조가 범죄하여 쫓겨난 후 족장 시대까지의 예배 - 제단을 쌓고 여호와의 이름을 부르며 희생 제물의 피 흘린 예배(제사)를 드렸습니다.

(2) 성막과 성전예배 - 하나님께서 친히 마련하신 제사제도로서 하나님이 지정하신 장소에서 성별한 사람인 제사장의 주도 아래 예배를 드렸으며 그때는 찬양대가 준비되어 함께 드렸습니다.

(3) 성전이 무너진 후 회당에서의 예배 - 바벨론 포로 때부터 무너진 성전 대신 회당에서 모여 율법을 낭독하고 찬양과 기도를 드렸습니다.

(4) 예수님이 부활하신 후의 공동체의 예배 - 예수님의 부활, 승천하신 이후 공동체는 오순절 성령 강림을 통해 새로운 은혜를 경험하고 기독교 신앙공동체를 형성했으며, 점진적으로 유대교 회당과는 다른 모습의 예배 형태를 갖추게 되어 오늘까지 발전해 왔습니다.

예배는 '본다'가 아니라 '드린다' 입니다

 한국교회에서 사용하는 용어 중에서 지극히 잘못된 용어를 한 가지만 소개하고자 합니다. 그것은 "예배를 본다" 입니다. 예배당에 갈 때도 "예배 보러 간다"고 합니다. 뿐만 아니라 예배를 시작할 때도 "예배 보자"고 합니다. 예배는 보는 것이 아니라 하나님께 드리는 것입니다. 지금까지 한국교회가 예배를 보아 왔기 때문에 교인들 모두가 예배를 관람하는 구경꾼이 되고만 것입니다. 목사님께서 설교 말씀을 전파하는 것을 구경하고, 또 찬양대의 찬양을 함께 드리는 마음이 아니라 구경하고, 장로님이 기도하는 일을 구경하니, 이 무슨 폐단입니까? 예배 장소에 참석한 사람들은 예배를 드리는 것이 아니라 남이 하는 것을 구경만 하고 있는 꼴이 됩니다.

 예배 시간에 인도자의 기도에 다 같이 한 마음이 되어서 중보하는 마음이 되어야 하는데 우리는 중보기도는 커녕 기도를 구경하고 있지는 않습니까? 목사님의 설교는 하나님의 말씀을 대언하는 입장에서 말씀을 전하고 있는데 우리는 이 말씀을 가슴에 깊이 새겨 듣는 것이 아니라 보러왔기 때문에 관람자 내지는 방청객의 수준밖에 되지 못합니다.

이 같은 불신앙적 태도는 일평생 동안 예배를 보러 가는 수준이므로 구경꾼이요, 방청객이요, 비평자가 되고 맙니다. 이런 자들은 말씀의 능력을 체험하지도 못하고 구원의 은혜도 없이 일생 동안 성전 문만 밟고 다니는 자가 되고 맙니다. 호세아 선지자는 "나는 인애를 원하고 제사를 원하지 아니하며 번제보다 하나님을 아는 것을 원하노라"(호 6:6)고 했습니다.

형식적인 제사, 빈 껍질만 있는 제사, 구경꾼과 방청객만 있는 제사, 영과 진리가 빠진 예배(제사)가(요 4:24) 하나님께 무슨 의미가 있습니까?

우리는 악한 세력을 물리치기 위하여 그리스도 안에서 역사하시는 하나님의 주권적인 통치를 기억해야 합니다. 그리고 하나님 나라의 시민으로서 영광되고 거룩한 신분을 가진 자로서 그 신분에 합당한 삶을 살아가야 합니다. 성경은 "이것들을 증언하신 이가 이르시되 내가 진실로 속히 오리라 하시거늘 아멘 주 예수여 오시옵소서"(계 22:20)라고 했습니다. 주님의 재림을 기다리고 믿는 성도들에게 주님은 속히 오시겠다고 약속하고 있음을 기억하고 이제부터는 바른 예배를 드리는 자들이 되어야 할 것입니다.

· 제3장 ·

성묘

1. 성묘(省墓)

성묘란 일반적인 개념으로 조상의 산소를 찾아 뵙고 절하는 것을 말합니다. 성도의 성묘는 가족들이 함께 조상의 묘소를 찾아 하나님께 예배를 드리고 감사하며 그동안 묘소에 피해는 없는지를 살피는 데 의의가 있습니다.

첫 성묘는 장례를 지낸 지 3일 만에 방문하며, 추후의 성묘는 부모의 묘지나 조상의 묘지에 자손들이 계절 따라 찾아가는 것을 말합니다. 예전에는 삼 년 상이라고 하여 조상의 묘 옆에 움막을 쳐놓고 아침 저녁으로 차례상처럼 소위 물밥이라고 하는 제물을 올리고 삼 배의 절을 했습니다.

그리고 3년을 마친 후에는 집으로 돌아가 정상적인 생활을 하며 외출도 하고 육식도 그때부터 시작했습니다. 이것이 소위 철저한 우리나라의 전통적인 유교적 장례법입니다.

우리 기독교 문화에서는 도무지 이해할 수 없는 일이지만 그들은 그것이 복 받는 비결이라도 되는 줄 알고 그렇게 당연히 하였습니다.

성묘(省墓)는 일반적으로 설날, 한식날, 추석, 고인이 돌아가신 날에 합니다. 성묘의 의의 중 하나는 묘지를 잘 보존하는 일입니다. 묘지 앞에 꽃나무를 심어서 보기 좋게 하거나 훼손된 부분은 수축하기도 하며 잔디를 잘 입혀서 심고 가꾸기도 합니다.

근래에 와서는 화장을 해서 납골당에 시신의 재를 보관하기도 하지만 어떤 모양이든 주님 재림 때 천사장의 호령소리와 함께 나팔 소리가 울려 퍼지는 날 무덤 문이 열리고 잠자던 자들이 다시 일어날 것입니다.

성묘시의 예배는 묘지 앞에 둘러 앉아서 성경 본문을 읽고 또 미리 준비한 순서지나 인쇄물을 가지고 모두가 한 마음으로 예배를 드리되 혹 불신자가 동참하였을 때에는 기독교의 장례문화에 대하여 간단하게 소개를 해서 전도하는 장으로 활용해도 좋으리라 생각됩니다.

예배는 경건하게 드리되 약 25분 정도의 시간을 할애해서 인도자는 미리 말씀을 잘 숙지하여 될 수 있는 한 부드럽게 또 은혜롭게, 그리고 소망이 담긴 메시지로 인도하면 참석한 모든 분들이 위로와 확신을 얻으며 미래에 대한 확실한 믿음을 가질 수가 있습니다.

그리고 고인의 사진이나 기타 기념되고 교훈이 될 만한 일들을 준비해서 보여주는 것도 좋습니다.

2. 손양원 목사님의 전도 일지(발췌)

국가에 공헌한 성도의 장례식이 때로는 불신자의 장례식처럼 우상을 섬기는 장례식이 되는 것을 종종 볼 수 있는데 그 같은 일이 일어나는 경우가 생겨서 매우 안타까워 한 마디 합니다. 사랑의 원자탄으로 잘 알려진 손양원 목사님이 성도인 김구(金九) 선생의 장례식이 사회장으로 치러지는 것을 유감스럽게 여겨 다음과 같이 일기에 남긴 적이 있어서 소개합니다.

"1950년 7월 5일 비, 오늘(음력 6월 10일)은 김구 선생의 장례식이라고 한다. 김구 선생의 장례식을 국민장으로 한다는데 사회식으로 한다 하니 우상을 섬기는 방식이라 김구 선생에게는 도리어 잘못이다. 김구 선생을 위하지 않고 자기중심적인 생각뿐이다. 김구 선생이 생애 싫어하던 우상적 장례식은 대단히 잘못이다. 그럴 뿐만 아니라 김구 선생을 죽인 안 군은 전에 선생에게 지도를 받던 자라 한다."

국가에 헌신한 독실한 성도의 장례식을 사회식 또는 불교식으로 하는 일을 우리는 종종 보게 됩니다. 이 같은 일은 돌아가신 고인에게도 잘못을 범하는 일이므로 결코 그렇게 하지 않도록 모든 후손은 유념하고 또 유념해야 할 것입니다.

3. 주기철 목사님의 장례식

평양 산정현 교회의 주기철(朱基徹) 목사님은 일제(日帝) 강점기에 신사참배를 강요받았으나 거부하여 1938년 2월 이후 세 차례나 검속

되었고, 1940년 여름 제4차로 검속되어 1944년 4월 21일 평양 감옥에서 순교하셨습니다. 그 때는 태평양 전쟁 말기로서 주 목사를 장례하는 일이 무척이나 어려운 상황이 아닐 수 없었습니다. 문제는 쌀을 배급할 때여서 장례 경비가 있다고 해도 쌀을 구할 수가 없었습니다.

이 같은 상황이라 일제(日帝) 경찰들이 주 목사의 부인인 오정모 사모님을 잡아 놓고 심문한 이야기는 그때의 형편을 잘 말해 주고 있습니다.

경관 : "돈이 어디서 나서 장례식을 해 치웠는가?"

오부인 : "나도 모릅니다. 아침에 나가보면 누가 보낸 돈인지 마당에 쌓여 있어서 장례식을 치렀습니다."

당시 일제 당국은 장례식에 사람을 못 모이게 하려고 핍박을 가해 왔으나 교인들이 사방 각 곳에서 모여들었고 심지어는 하나님을 믿지 않는 불신자들까지 모여들었다고 합니다.

이 같이 어려운 상황 속에서도 장례식은 성대하게 거행될 수 있었고 장례 경비도 문제가 되지 않았다고 합니다.

당시 일제들은 주기철 목사님의 장례식까지 막으려고 했지만, 하나님께서는 무한하신 능력으로 당신의 종의 장례식을 잘 마치도록 돌보아 주셨습니다. 그러므로 성도가 모든 일에 염려할 것이 없음은 주께서 날마다 함께 하시며 때를 따라 은혜를 내려 주시기 때문입니다.

"주는 선하사 선을 행하시오니 주의 율례들로 나를 가르치소서" (시 119:68) 아멘.

〈성묘예배 순서〉

개 회 사…지금부터 00년 0월 0일 소천하신 아버님(어머님)을 추모하며 예배를 드리도록 하겠습니다.

신앙 고백 ……………… (사도신경) ……………… 다 같 이

찬   송 …… 492장(통544장), 489장(통541장) …… 다 같 이

대표 기도 ……………………………………………… 가족 중에서

특   송……………… (가족 중에서) ………………생략 가능

말   씀 …… 빈 손으로 가는 인생(욥 1:21) …… 인 도 자

(말   씀 ………… 축복의 계승(창 9:20-29) ……… 둘 중 선택)

축   도 ……………… (주기도문) ……………… 인도자/다같이

　준비해 온 음식을 먹으면서 고인의 신앙과 모범된 사실을 자녀들에게 들려주고 기념될 만한 촬영을 해 두는 것이 좋으리라 봅니다. 그리고 가족들과 함께 하산하면 됩니다.

• 성묘설교 1 •

빈 손으로 가는 인생

♬찬송 : 488,(통539), 546(통399), 245(통228)

"이르되 내가 모태에서 알몸으로 나왔사온즉
또한 알몸이 그리로 돌아가올지라 주신 이도 여호와시요
거두신 이도 여호와시오니 여호와의 이름이 찬송을 받으실지니이다"(욥 1:21)

장례를 마침으로 고인은 하늘나라로 가셨습니다. 그러나 그 분의 육신은 이곳에 안장되어 후손들이 이렇게 묘소 앞에 모였습니다. 슬픔의 눈물이 솟구치는 이 순간입니다. 그러나 마음을 가다듬고 세상 풍속을 따르는 사람들과는 다른 차별된 예배를 드리겠습니다. 예배를 드리는 이유는 우리가 하나님을 섬기는 하나님의 백성이요, 하나님의 자녀이기 때문입니다.

하나님의 자녀에게는 소망이 있습니다. 이제 고인은 눈을 감으시고 육체는 땅에 매장되었지만 고인의 영혼은 아브라함의 품에 안겨서 한이 많은 이 세상을 내려다 보시면서 우리 후손들과 믿음의 가족들과 교회와 성도들의 삶과 생활을 지켜보시고 계십니다.

이 시간 먼저 가신 고인을 생각하면서 잠시 우리의 인생이 어떤 모습인지 살펴보고자 합니다.

1. 욥의 형편입니다

욥은 동방의 부자였습니다. 본문 1절에서 "우스 땅에 욥이라 불리는 사람이 있었는데 그 사람은 온전하고 정직하여 하나님을 경외하며 악에서 떠난 자더라"(욥 1:1)고 했습니다. 성경은 욥이라는 사람이 의인이요, 신실한 믿음의 사람임을 설명해 주고 있습니다. 믿음에 대한 시험 때문에 하나님께서 사탄에게 욥의 곤경을 허락하시자 그때부터 그에게 시험이 오기 시작했습니다.

성경 욥기를 보면 열 자녀들이 칼에 죽임을 당하거나 또 불이 하늘에서 떨어져 양과 종들을 불살라버리는 곤경의 경우까지 왔다는 사실입니다. 성경은 그러나 "욥이 일어나 겉옷을 찢고 머리털을 밀고 땅에 엎드려 예배하며 이르되 내가 모태에서 알몸으로 나왔사온즉 또한 알몸이 그리로 돌아가올지라"(욥 1:20~21)라고 고백하는 성숙한 신앙의 자세를 보이고 있습니다. 욥의 고난과 곤경은 사람들의 생각을 초월한 훨씬 더 표현하기 어려운 상황이었을 것입니다.

2. 그의 후손들을 봅니다

본문 2절에서 "그에게 아들 일곱과 딸 셋이 태어나니라"고 했습니다. 성경은 하나님이 욥에게 주신 자녀들이 아들 일곱과 딸 셋이라고 했습니다.

자녀들을 어떻게 교육하느냐에 따라서 그 자녀들이 성장하면서 배움을 통해 훌륭하게도 되고 그렇지 못하게 되는 경우를 종종 보게 됩니다.

"잔치를 끝내면 욥이 그들을 불러다가 성결하게 하되 아침에 일어나서 그들의 명수대로 번제를 드렸으니"(욥 1:5)라고 한 말씀과 같이 이것이 그의 신앙적 교육이었습니다.

시련 후에 하나님은 욥에게 갑절의 축복을 더하시며 그에게 또 다른 딸들을 주셨는데 "그가 첫째 딸은 여미마라 이름하였고 둘째 딸은 긋시아라 이름하였고 셋째 딸은 게렌합북이라 이름하였으니 모든 땅에서 욥의 딸들처럼 아리따운 여자가 없었더라"(욥 42:14~15)고 성경은 말하고 있습니다.

하나님께서는 욥의 노년에 크게 복을 허락하여 주셨습니다. 그 누구도 흉내 낼 수 없는 훌륭한 욥의 성결한 신앙적 모습이 그에게 있었던 것입니다. 그는 생활 속에서나 마음으로도 죄를 범하지 않은 정직함이 돋보이는 인물이었습니다. 이런 그에게 훌륭한 자손이 번창함은 당연한 것입니다. 자식은 하나님이 주시는 은혜의 선물입니다(창 33:5).

3. 욥의 신앙을 배웁시다

욥의 행복한 삶을 시기하고 질투하는 자가 있었으니 그는 처음부터 거짓말쟁이인 사탄이었습니다. 이 사탄이 욥의 신앙인격을 시험한 것입니다.

욥은 신앙 인격뿐만 아니라 영적으로도 하나님을 떠나지 않은 신실한 믿음의 사람이었습니다. 뿐만 아니라 자녀의 범죄까지도 두려워하며 그들의 숫자대로 번제를 드리며 경건을 소홀하게 하지 않았습니다. 환난 가운데서도 욥은 "내가 모태에서 알몸으로 나왔사온즉"(욥 1:21)이라고 하였습니다. 그는 인생이 공수래 공수거, 곧 빈 손으로 왔다가 빈 손으로 가는 것임을 알고서 무서운 사탄의 시험을 하나님을 의지하는 신앙으로 극복하였습니다.

오늘 욥의 고백과 같이 우리는 빈 손 들고 가는 인생임을 고백합니다. 오늘 우리는 고인의 산소에 와서 인생의 삶과 생활, 그리고 우리가 가야 할 미래의 모습을 살펴보았습니다. 가장 중요한 것은 하나님께서 우리를 위해 예비해 두신 천국을 소유한다는 사실에 감사하면서 욥과 같이 끝까지 믿음의 끈을 놓치지 않는 모두가 되시기를 기도합니다.

기도

우리들의 영혼을 인도해 주시고 이끌어 주신 하나님! 고인의 묘소 앞에서 나 자신과 우리 모두의 미래를 돌이켜 보며 우리가 장차 어떤 사람이 되어야 할 것인지 살펴보았습니다.

욥은 끝까지 포기하지 않는 믿음을 우리에게 보여주었습니다. 우리도 그 길을 가야겠습니다. 여기 남아 있는 후손들도 믿음을 잘 지켜 천국 백성이 되기를 예수님의 이름으로 기도합니다. (아멘)

• 성묘설교 2 •

아버지의 축복 계승

♪찬송 : 485(통534), 620, 38

"노아가 농사를 시작하여 포도나무를 심었더니
포도주를 마시고 취하여 그 장막 안에서 벌거벗은지라
가나안의 아버지 함이 그의 아버지의 하체를 보고
밖으로 나가서 그의 두 형제에게 알리매 셈과 야벳이
옷을 가져다가 자기들의 어깨에 메고 뒷걸음쳐 들어가서
그들의 아버지의 하체를 덮었으며 그들이 얼굴을 돌이키고
그들의 아버지의 하체를 보지 아니하였더라"(창 9:20~23)

노아는 아담의 10대 손으로 하나님께서 억울한 죽음을 당한 의로운 아벨을 대신해서 주신 셋 계열의 자손인데 라멕의 아들이며, 하나님께서 후손으로 주신 셈과 함과 야벳과 함께 이 땅을 번성하게 하셨습니다.

노아란 이름은 당시 타락하고 부패한 세상에서 하나님의 위로가 함께하기를 기원하는 뜻에서 지어진 것입니다(창 6:8~9). 그는 480세에 대홍수로 인류를 심판하시겠다는 하나님의 경고를 귀담아 듣고 하나님의 지시에 순종하여 120년 간 방주를 예비하면서(창 6:14~16) 뭇 백성에게 하나님의 심판을 경고하고 회개를 촉구하였습니다.

베드로 사도는 "오직 의를 전파하는 노아와 그 일곱 식구를 보존하시고 경건하지 아니한 자들의 세상에 홍수를 내리셨으며"(벧후 2:5)라고 했습니다.

당시 노아는 비방도 욕설도 모두 감수하면서 사람들을 설득하였으나 저들은 날마다 먹고 마시는 데 급급하였고 노아의 말을 들으려고 하지 않았습니다. 드디어 홍수가 시작되었고 노아의 가족 여덟 식구 외에는 아무도 구원받지 못했습니다.

1. 셈과 야벳은 축복의 계승자

홍수가 끝나고 악인들이 사라진 세상은 참으로 평온했습니다. 농사를 지어서 농작물도 풍족하여 먹고 마시고 건강하게 사는 중에 세상은 축복의 강산이 되었습니다.

노아는 포도 농사를 지었고 포도 농사가 아름답게 결실을 하자 포도주를 담아 마시고 취하여 장막 안에서 벌거벗었습니다. 그는 자녀들 앞에서 벌거벗은 수치를 들어 내는 실수를 저지르고 말았습니다. 이 말을 들은 셈과 야벳은 옷을 가져다가 아버지의 하체를 덮었고 아버지의 하체를 외면한 채 뒷걸음질하여 슬기롭게 대처하는 아름다운 모습을 보여 주었습니다.

이것은 인간의 실수와 수치를 보여준 부끄러운 과거사입니다. 인간은 세상을 살면서 지켜야 하는 율법이 있습니다. 셈과 야벳은 그 율법을 지켰지만 문제는 아버지의 추태를 덮기는커녕 까발린 함은 율법을 지키지 못했고 결국엔 축복의 길을 놓치고 말았습니다.

2. 노아가 보여준 교훈

"가나안은 셈의 종이 되고 하나님이 야벳을 창대하게 하사 셈의 장막에 거하게 하시고 가나안은 그의 종이 되게 하시기를 원하노라"(창 9:26~27)고 노아는 자식들의 장래를 예언했습니다. 신앙을 지켜온 선조들의 기도는 반드시 성사됩니다. 결국에는 이 예언대로 함의 자손인 흑인들은 야벳의 자손인 백인들을 섬기고 그들의 종이 되는 신세로 전락하는 역사가 있게 되었습니다.

성경의 흐름을 잘 이해하고 지켜나가는 것이 우리가 복을 받고 또 잘사는 비결인 것입니다. 오늘 산소에 와서 다시 한 번 부모와 자녀 사이에 엉켜 있는 부분이 없는지 살펴보면서 지금이라도 회개할 것은 회개하고, 고인이 살아 계실 때 화목을 이루지 못했다면 새롭게 올바른 관계를 형성해 나가야 할 것입니다.

3. 승계의 비밀

노아의 후손들은 노아가 기도한 대로 각각 열매를 맺었습니다. 오늘 이 시간 고인의 묘소에서 말씀을 살펴보면서 무엇을 생각했습니까? 우리의 조상들이 뿌려 놓은 씨앗들은 어떤 열매를 맺게 되었는지 또 무슨 열매를 맺었는지를 생각해 보셨습니까?

우리는 자라나는 후손들을 바라보며 이들이 예수 안에서 믿음을 잘 지켜나가게 해야 합니다. 이것이 우리의 사명입니다. 오늘 이 시간 노아의 실수도 교훈 삼고 축복의 계승도 살펴보면서 주님이 주시는 행복한 삶을 영위하시기를 축복합니다.

기도

변함없이 우리 가정을 지켜주신 전능하신 하나님! 오늘 말씀을 통해서 우리 자신들을 다시금 되돌아봅니다. 이 시간 노아의 삶을 보면서 믿음의 조상의 기도는 반드시 이루어짐을 보았습니다. 우리들에게 자녀들을 축복하는 믿음을 주시옵소서. 주님, 긍휼을 베푸시고 말씀으로 무장하여 기쁘고 즐겁게 믿음의 길을 가게 하옵소서. 예수님의 이름으로 기도드립니다. (아멘)

• 성묘설교 3 •

인생의 발자취

♫찬송 : 560, 432(통462), 14(통30)

"믿음으로 아벨은 가인보다 더 나은 제사를 하나님께 드림으로
의로운 자라 하시는 증거를 얻었으니 하나님이 그 예물에 대하여 증언하심이라
그가 죽었으나 그 믿음으로써 지금도 말하느니라"(히 11:4)

우리 인생은 하나님으로부터 흙으로 지음을 받았고 호흡이 끝나면 다시 인생의 근본인 흙으로 돌아갑니다. 대부분 사람의 발자취는 자기 뜻에 따라 형성되지만 신앙의 위인들은 하나님께서 허락한 사고와 가치관에 따라 많은 부분이 형성되어 신앙의 족적을 이 땅에 남깁니다. 이 시간 성경에 남겨진 발자취를 찾아보며 은혜를 나누겠습니다.

1. 하나님의 뜻에 어긋난 발자취의 역사입니다

인류의 시조인 아담으로부터 시작해서 가인이 그랬고 예수님을 은 30냥에 판 가룟 유다의 발자취는 하나님의 뜻에 어긋난 역사를 남겼습니다.

이 같이 잘못된 역사는 잘못된 길을 만들었고 잘못된 길은 부끄러운 역사로 남게 되었습니다. 가인의 후예들은 바벨 탑을 쌓아 인본주의적이며 황금만능의 역사를 만들고자 했습니다. 만약에 하나님께서 그 역사를 중단시키지 않았다면 어떻게 되었겠습니까? 이 바벨 탑 사건은 인간의 욕망과 욕심은 끝없이 높다는 것을 보여준 사건입니다.

그러나 전능하신 하나님께서는 이 같이 잘못된 역사를 중단시키셨는데 그 이유는 그래도 인간을 사랑하신 하나님의 선하신 뜻이 있음을 보여준 것입니다.

하나님께서는 바벨 탑을 짓는 인간을 보시면서 인간의 사고와 행위 속에는 하나님에게 도전하고자 하는 잘못된 욕망이 있음을 아시고 바벨 탑을 무너뜨리시고 인간의 언어를 혼잡하게 하여 땅에서 흩어지게 하신 것입니다.

만약 오늘 우리들의 심령 속에도 이 같은 하나님을 멸시하는 성향이 조금이라도 남아 있다면 이 산소에서 내려가기 전에 모두 다 내려 놓고 회개해야 할 줄 믿습니다.

2. 주님 예수의 발자취의 역사입니다

주님의 발자취는 하늘 보좌를 버리시고 천국에서 지상으로 강림하신 거룩한 발자취요, 겸손한 발자취입니다. "보라 처녀가 잉태하여 아들을 낳을 것이요 그의 이름은 임마누엘이라 하리라"(마 1:23)고 했습니다. 인류의 구원을 위해 하나님께서 이 땅에 오신 것을 성육신이라고 합니다. 주님 예수께서 오신 이 임마누엘의 발자취는 축복의 발자취요, 소망의 발자취이며, 구원의 발자취입니다.

우리 주님의 십자가의 피 흘리심과 고난의 발자취가 없었다면 전 인류는 멸망의 늪에서 소생할 수도 없는 영원한 멸망의 길을 걷게 되었을 것입니다.

이사야 선지자는 일찍이 예수님께서 이 땅에 오시기 칠백 년 전에 "주께서 친히 징조를 너희에게 주실 것이라 보라 처녀가 잉태하여 아들을 낳을 것이요 그의 이름을 임마누엘이라 하리라"(사 7:14)고 예언했는데 이는 하나님께서 우리 가운데 계셔서 우리와 함께 하시면서 지키시고 보호하시고 인도하신다는 말씀의 뜻입니다.

3. 믿음의 사람의 발자취입니다

아벨의 발자취는 한마디로 예배의 발자취입니다. 아벨은 가인과는 전혀 다른 제사를 하나님께 드렸습니다. 아벨은 양의 첫 새끼와 그 기름 위에 자신의 신앙을 하나님께 함께 드렸습니다.

에녹은 그 이름의 뜻처럼 순종하는 자, 따르는 자, 봉헌하는 자로서 신앙의 발자취를 이 땅에 남겼습니다.

그는 아담의 7대 손 야렛의 아들로 이 세상에서 가장 장수했던 므두셀라의 아버지입니다. 에녹은 365년 동안 이 땅에서 살았는데 사는 날 동안 하나님과 동행하다가 죽음을 경험하지 않고 산 채로 하늘나라로 옮겨졌습니다(히 11:5~6). 그는 성도가 얻을 휴거의 예표가 되는 사람입니다(유 1:14).

오늘 우리는 이 땅에 어떤 발자취를 남기고 있습니까? 우리는 믿음의 조상 아브라함의 후예들 입니다. 아브라함은 우리의 영적인 아버지입니다. 그러기에 우리는 아브라함의 후예들로서 하나님을 경외하는 신실한 믿음으로 이 땅에 반드시 믿음의 발자취를 남겨야 합니다.

기도

거룩하신 하나님! 부족한 우리를 아브라함의 후손으로 삼아 주시고 믿음의 양자가 되게 하신 은혜를 주심을 감사합니다.

하나님, 바라옵기는 우리가 믿음의 후손이 될 수 있도록 우리에게 믿음을 더하여 주시고 아브라함의 축복을 이어갈 수 있도록 큰 축복을 내려주시옵소서.

이 민족이 세계 방방곡곡에 더 많은 선교사를 파송하고 세계 속에 우뚝 서는 믿음의 나라가 되게 하시며 축복을 이어가는 민족이 되게 하옵소서. 예수님 이름으로 기도합니다. (아멘)

• 성묘설교 4 •

사망을 폐하신 하늘의 권세

♬찬송 : 8(통9), 435(통492), 250(통182)

"이제는 우리 구주 그리스도 예수의 나타나심으로 말미암아 나타났으니 그는
사망을 폐하시고 복음으로써 생명과 썩지 아니할 것을 드러내신지라"(딤후 1:10)

본문은 바울 사도가 영적인 아들인 디모데에게 당부하는 내용이 담겨 있는 말씀입니다. 앞에서 바울은 세 가지의 문제에서 부끄러움을 생각하지 말라고 권면했습니다. 그 내용을 함께 살피며 은혜를 나눕시다.

1. 무엇을 부끄럽지 않게 생각해야 하는가?

바울 사도는 믿음으로 낳은 아들 디모데에게 자신이 주님의 증인으로 살아온 삶을 피력하면서 디모데에게 신앙의 바른 길을 제시하였습니다. 스승의 충고는 곧 나에 대한 충고요 우리 모두의 충고가 될 수 있습니다. 바울은 디모데에게

첫째는, 예수 그리스도의 십자가를 부끄럽게 생각하지 말라고 당부

했습니다.

왜냐하면 이 십자가야말로 모든 믿는 자들에게 구원을 주시는 하나님의 능력이 되기 때문이라고 그 이유를 말하고 있습니다.

둘째는, 스승의 감금당함을 부끄럽게 생각하지 말라고 했습니다. 당시 바울은 주변의 여러 사람으로부터 많은 비방과 모욕을 듣고서 "그들이 그리스도의 일꾼이냐 정신 없는 말을 하거니와 나는 더욱 그러하도다 내가 수고를 넘치도록 하고 옥에 갇히기도 더 많이 하고 매도 수없이 맞고 여러 번 죽을 뻔하였으니"(고후 11:23)라고 했습니다. 이 말은 복음을 위한 그의 수고의 고백입니다. 복음 때문에 옥에 갇히는 것은 부끄러움이 아닙니다.

셋째는, 복음과 함께 고난받는 것을 두렵게 생각하지 말라는 것이었습니다. 이는 바울 사도의 디모데를 향한 간곡한 부탁의 말씀이었습니다.

바울 사도가 복음을 전파하다가 당한 고난은 필설로는 다 표현하지 못할 정도였는데 그는 "또 수고하며 애쓰고 여러 번 자지 못하고 주리며 목마르고 여러 번 굶고 춥고 헐벗었노라"(고후 11:27)고 했습니다. 바울 사도의 이 말은 그의 사상과 함께 우리에게 주는 변증서가 되었습니다. 우리도 바울처럼 주를 위하여 복음의 수고를 다 하는 전도자가 되어야 할 것입니다.

2. 복음의 사명을 위하여 준비하라

복음 전파는 모든 크리스천의 사명이자 의무입니다. 바울 사도는 특별히 디모데에게 좀 더 적극적인 태도를 다짐받고자 한 것입니다. 그리고 그 사명감은 자신의 열심이나 노력으로 되는 것이 아니라 이는 곧 창세 전에 이미 복음의 아들로 부름을 받았고, 그 일로 인하여 소명이 임했음을 믿으라는 것입니다. 또한, 주어진 사명은 하나님의 필요 때문에 일꾼으로 불렀다고 했습니다. 부름받은 우리도 사명감으로 무장하고 준비해야 할 것입니다.

3. 복음을 지키고 전하라

바울에게는 하나님께서 주신 사명이 있었는데 그 사명은 복음을 위해서 "선포자와 사도와 교사로 세우심을 입었노라"(딤후 1:11)는 것이었습니다. 그리고 "이 고난을 받되 부끄러워하지 아니함은 내가 믿는 자를 내가 알고 또한 내가 의탁한 것을 그 날까지 그가 능히 지키실 줄을 확신함이라"(딤후 1:12)고 했습니다.

이 본문의 말씀은 여러 복합적인 의미가 포함되어 있지만 중요한 것은 바울 사도가 디모데에게 간곡하게 요청하는 것으로 주님을 의탁하는 바울 사도의 심령을 그대로 반영한 말씀이 되기도 합니다.

주님께서 공중에서 천사장의 나팔 소리와 함께 재림하실 때가 언제인지는 모르지만, 그러나 그날까지 참고 인내하면서 준비하라고 우리에게 당부하는 바울의 말이기도 합니다. 또한 분명 주님 예수께서 그날까지 지켜주심을 기억하고 달려가야 할 것을 설명해 주고 있습니다.

바울 사도의 이 같은 간절한 간구와 부탁의 말씀은 실제로는 그의 고별 설교와도 같은 성격을 띠고 있기도 합니다. 왜냐하면, 이 디모데후서를 쓴 뒤 바울은 로마에서 순교를 했기 때문입니다.

바울 사도의 "내가 달려갈 길과 주 예수께 받은 사명 곧 하나님의 은혜의 복음을 증언하는 일을 마치려 함에는 나의 생명조차 조금도 귀한 것으로 여기지 아니하노라"(행 20:24)는 이 같은 고별적인 설교는 우리에게 복음을 전하라고 하는 다윗의 마지막 권고입니다.

"믿는 자들에게는 이런 표적이 따르리니 곧 그들이 내 이름으로 귀신을 쫓아내며 새 방언을 말하며 뱀을 집어올리며"(막 16:17~18)라고 주님은 말씀하셨습니다. 복음을 전하기 위해 우리는 주님이 주시는 이 능력을 받아서 복음의 증인들이 되시기를 축원합니다.

기도

거룩하신 하나님! 복음과 함께 이 세상을 살아갈 수 있도록 은혜를 주시고 크게 역사하심에 감사올립니다. 우리에게 능력을 주셔서 무슨 독을 마실지라도 해를 받지 않는 능력의 표적을 주옵소서. 그래서 많은 사람들을 구원의 반열에 세우고 그들을 하나님의 나라로 인도하는 자들이 되게 하옵소서. 예수님의 이름으로 기도드립니다. (아멘)

• 성묘설교 5 •

귀히 쓰이는 그릇

♬찬송 : 357(통397), 447(통448), 491(통543).

"큰 집에는 금 그릇과 은 그릇뿐 아니라 나무 그릇과
질그릇도 있어 귀하게 쓰는 것도 있고 천하게 쓰는 것도 있나니
그러므로 누구든지 이런 것에서 자기를 깨끗하게 하면
귀히 쓰는 그릇이 되어 거룩하고 주인의 쓰심에 합당하며
모든 선한 일에 준비함이 되리라"(딤후 2:20~21)

본문은 하나님의 부름을 받은 청지기들은 어떻게 자기 자신을 관리해야 하는지를 사도 바울이 사랑하는 디모데에게 알려 주는 말씀입니다.

우리가 주님께 쓰임받기 위해서는 자신을 깨끗하고 청결하게 준비하고 언제든지 필요에 따라 부르시는 그분 앞에 항상 대기하고 있는 자세가 필요합니다. 철저한 준비는 실패를 용납하지 않습니다.

많은 인재들이 배출되고 있는 지금 자기가 어떻게 다듬어졌느냐에 따라 그 쓰임도 여러 가지가 될 것입니다. 큰 사람으로 준비되어 있으면 큰 일을 할 것이요, 작은 자로 준비되어 있으면 작은 일을 할 수밖에 없습니다.

우리는 내가 과연 알곡 신자로 다듬어졌는지 아니면 아직도 쭉정이와 같은 신자인지를 돌이켜 보아야 할 것입니다. 과연 나는 어떤 신자입니까?

1. 자신을 준비하는 사람

우리나라가 이제는 세계 무역국의 10위 안에 드는 나라가 되었고, 수도인 서울은 여러 나라 국제도시 중에도 손색이 없는 관광 도시가 되어서 세계 사람들이 우리나라를 대거 찾아오는 시대가 되었습니다.

유명한 호텔 주방에는 세계의 명품 그릇들이 진열되어 있어 손님 맞을 준비가 잘된 채 대기하고 있음을 봅니다.

부르심을 입은 주의 종들도 이와 마찬가지로 주님이 쓰시기에 합당한 그릇이 되어야 할 것입니다. 주님은 말씀으로 준비하고, 기도로 영적 무장을 튼튼히 하고, 또한 훈련을 통해서 언제든지 달려갈 수 있는 자세가 된 준비된 자를 쓰십니다.

이사야 선지자는 하나님의 부르심에 응답하고서는 "내가 여기 있나이다 나를 보내소서"(사 6:8)라고 했습니다. 우리가 하나님께 합격하는 믿음으로 준비된 자가 되면 언제든지 부름을 받고 승리하게 됩니다.

2. 주님의 쓰심에 합당한 그릇으로

"그러므로 누구든지 이런 것에서 자기를 깨끗하게 하면 귀히 쓰는 그릇이 되어 거룩하고 주인의 쓰심에 합당하며"(딤후 2:21)라고 성경은 말하고 있습니다. 주님은 합당하게 준비된 자를 쓰십니다. 나는 과연 어떤 그릇입니까?

중국 선교의 아버지로 칭찬받는 허드슨 테일러는 처음에는 거친 풍랑 속의 바다 사나이였으나 잘 다듬어진 후에는 모든 사람에게 사랑과 인자함과 자비까지도 베풀었습니다. 그 모습을 보고 감동한 사람들이 "나도 당신처럼 예수를 믿고 싶소."라고 하여 전도의 기회가 되었다는 이야기가 있습니다.

나는 과연 어떤 사람이 되어 가고 있습니까? 주님께 쓰임받기 위해서 이사야 선지자와 같이 성전에서 기도해야 할 것이요, 허드슨 테일러의 인자와 온유가 필요하다면 준비된 그릇이 되기 위해서 마음을 비워야 할 것입니다.

3. 우리의 자세

먼저 가신 분의 산소에 와서 이 시간 우리는 어떤 자세, 어떤 모습으로 준비되어 있어야 하겠습니까? 다음 세 가지로 준비하면 좋겠습니다.

첫째는 얍복 강가의 야곱처럼 기도로 준비해야 합니다. 야곱은 이 기도 후에 이름이 이스라엘이 되었습니다. 성경에는 기도함으로 승리한 일꾼들이 많이 있습니다.

엘리야의 기도는 3년 6개월 동안의 가뭄을 물리치는 기적을 만들었습니다. 성경은 엘리야가 우리와 같은 성정을 가진 사람이었으나 기도하여 하늘이 비를 주었다고 했습니다(약 5:17).

둘째는 연단과 고난을 통해서 하나님의 능력과 겸손의 훈련을 쌓아야 합니다. 연단이 없이는 하나님의 복음을 전할 수 없습니다. 욥은 "내가 가는 길을 그가 아시나니 그가 나를 단련하신 후에는 내가 순금 같이 되어 나오리라"(욥 23:10)고 했습니다.

셋째는 인격 훈련입니다. 말씀을 마음에 심고 그 말씀과 함께 인격을 다듬는 훈련을 해야 합니다. 성경은 "이 사람 모세는 온유함이 지면의 모든 사람보다 더하더라"(민 12:3)고 했습니다. 출애굽의 모세처럼 우리도 민족의 장래와 하나님의 영광을 위해서 귀하게 쓰임받는 그릇들이 되기를 축복합니다.

기도

전능하신 아버지 하나님! 이 자리에 모인 고인의 후손 중에서 민족의 기둥이 되는 일꾼들이 많이 나오게 하옵시며 주님의 영광을 위해 일할 수 있도록 능력을 더하여 주시옵소서. 예수님의 이름으로 기도드립니다. (아멘)

• 성묘설교 6 •

나오미의 남편 엘리멜렉이 죽고

♬찬송 : 455(통507), 146(통146), 222(통524).

"나오미의 남편 엘리멜렉이 죽고 나오미와 그의 두 아들이 남았으며" (룻 1:3)

옛날 이스라엘 땅에 큰 흉년이 들어 모두들 매우 어려운 형편이 되었습니다. 심한 곤경에 처하게 된 나오미의 가정도 예외는 아니었습니다.

그래서 나오미의 남편 엘리멜렉은 아내와 자녀들을 이끌고 이방 나라인 모압 지방으로 피난을 갔습니다. 오늘 성경 본문에는 "나오미의 남편 엘리멜렉이 죽고 나오미와 그의 두 아들이 남았으며"라고 했습니다. 분명한 것은 아내와 두 아들만 남겨둔 채 가장인 엘리멜렉이 죽었다는 사실입니다. 이 얼마나 비극적인 일입니까!

이 사건은 우리에게 많은 교훈을 줍니다. 우리가 세상적으로 생각을 해보면 나오미가 믿음이 없어서 화를 당한 것처럼 여겨질 수도 있습니다.

그러나 하나님은 징계의 매를 함부로 드시는 분이 아니십니다. 어찌 되었든지 하나님께서는 나오미를 사랑으로 대하셨음을 알아야 합니다. 그러므로 엘리멜렉이 죽은 이 사건을 통하여 하나님의 계획, 하나님의 섭리하심이 어디에 있는지 살펴보아야 하겠습니다.

룻기에 나타난 사실을 보면 첫 번째는 기근이 있었고, 그 다음은 유랑이었으며, 그 다음은 가족들과의 사별이었습니다. 엘리멜렉은 하나님을 믿는 자였지만 그는 뒷걸음을 치는 신사라고 평가할 수 있습니다. 그는 믿음이 진실하지 못했고 또 의무를 이행하지 못했을 뿐 아니라 감사하지 못한 신자였습니다.

하나님이 택하신 자들은 심한 고난을 겪은 후에는 빼앗긴 특권들도 다시 회복됩니다. 우리는 이 슬픈 사건을 통해 하나님의 섭리하심을 발견해야 할 것입니다.

"주께서 그 사랑하시는 자를 징계하시고"(히 12:6)라고 히브리서 기자는 말했습니다. 나오미가 당한 이 같은 불상사는 피할 수도 없는 사항이었고, 친구이자 상담자이며 가정의 머리인 남편이 죽었습니다. 이제 나오미는 과부가 되었습니다. 과부 신세는 예나 지금이나 언제나 괴롭고 외로운 처지입니다.

1. 이 같은 상황에서 슬픔은 당연합니다

괴로워서 우는 것을 죄라고 생각하는 것은 잘못입니다. 부당하고 반항적인 슬픔, 미래를 보지 못하는 비탄, 하늘을 원망하는 욕설은 비난받아 마땅합니다. 그러나 하나의 좋은 예가 있으니 우리 주님 예수께서 나사로의 무덤에서 나사로를 생각하며 우셨다는 사실입니다(요 11:35). 사랑하는 사람을 떠나보낸 슬픔은 당연한 인지상정입니다.

2. 죽은 자에 대한 애정은 자연스럽습니다

죽음으로 가족의 결속력이 깨어진다고 생각한다면 그것은 잘못된 생각입니다. 그들은 아직도 가족이요, 식구들입니다. 그들은 끊을래야 끊을 수가 없는 관계를 지닌 자들입니다. 사별에 대한 슬픔은 그 누가 아무리 강조해도 그것은 지나치지 않습니다.

3. 신앙은 슬픔과 애정을 다 같이 승화시킵니다

죽은 자들에 관해서 성경은 "하늘에서 음성이 나서 이르되 기록하라 지금 이후로 주 안에서 죽는 자들은 복이 있도다"(계 14:13)라고 말씀하시고, 살아 남은 자들에 대해서는 "그 후에 우리 살아 남은 자들도 그들과 함께 구름 속으로 끌어 올려 공중에서 주를 영접하게 하시리니 그리하여 우리가 항상 주와 함께 있으리라"(살전 4:17)고 했습니다.

아무래도 우리는 애정의 충만함으로 사랑하는 것을 배울 때에 비로소 진실로 사랑할 수 있게 됩니다.

가장의 잘못된 선택으로 인해서 한 가정이 큰 비극과 파멸로 이어졌지만 긍휼이 풍성하신 하나님께서는 또 다른 길을 예비해 두셨습니다. 며느리 룻은 비록 모압의 이방인이었지만 좋은 여인으로서 하나님은 축복의 새로운 계보를 형성해 갈 길을 열어 놓으시고 그 계보를 통해서 이새와 그의 아들인 다윗을 얻게 하셨습니다. "나오미가 아기를 받아 품에 품고 그의 양육자가 되니 그의 이웃 여인들이 그에게 이름을 지어 주되 나오미에게 아들이 태어났다 하여 그의 이름을 오벳이라 하였는데 그는 다윗의 아버지인 이새의 아버지였더라"(룻 4:16~17)고 했습니다. 이것 또한 하나님의 특별하신 은혜임을 교훈받습니다.

기도

자비하신 하나님! 우리에게 믿음의 길을 걸어 가게 하시고 또한 예비해 두신 저 천국을 사모하게 하심을 감사드립니다. 일찍부터 하나님의 자녀 되는 길을 열어 주시고, 연약하지만 말씀에 순종하며 나갈 수 있도록 성령님께서 이끌어 주시니 감사합니다.

오늘 이 시간 나오미의 가정을 통해서 주신 신앙의 교훈에 따라 흐트러지지 않는 믿음이 되기를 소망하며 말씀에 은혜받게 하시오니 감사합니다. 우리에게 복을 주시는 예수님의 이름으로 기도드립니다. (아멘)

· 성묘설교 7 ·

전도인의 직무를 다하라

♪찬송 : 92(통97), 242(통233), 432(통462)

"나는 선한 싸움을 싸우고 나의 달려갈 길을 마치고 믿음을 지켰으니
이제 후로는 나를 위하여 의의 면류관이 예비되었으므로 주 곧 의로우신
재판장이 그 날에 내게 주실 것이며 내게만 아니라 주의 나타나심을
사모하는 모든 자에게도니라(딤후 4:7~8)

사도 바울은 하나님께서 자신을 부르시는 때가 매우 가까워졌음을 피부로 느끼며 이제 믿음으로 낳은 아들 디모데에게 편지 쓸 시간도 얼마 남지 않았음을 직감했습니다. 바울은 자신이 걸어온 길을 정리하면서 예수 그리스도께서 오실 때가 얼마 남지 않았음을 느끼며 디모데에게 '전도인의 직무를 다하라'고 당부를 했습니다. 때를 얻든지 못 얻든지 항상 전파자의 사명을 다할 것을 권면했습니다. 이 시간 본문 말씀으로 함께 은혜를 나누겠습니다.

1. 바울 사도가 걸어온 발자취

바울이 걸어온 발자취는 너무나도 험난한 발자취였습니다. 그는 시무했던 갈라디아 교회를 잊을 수가 없었습니다.

갑바도기아에 있는 이 지역은 비시디아, 안디옥, 이고니온, 루스드라, 더베 등의 성읍들이 둘러싸고 있는 지역이기도 합니다.

바울 사도는 이 지역에 복음을 전하였으며 성경에는 선교여행을 세 차례나 한 것으로 기록이 남아 있습니다.

그가 갈라디아 교회에 보낸 서신에는 "이 후로는 누구든지 나를 괴롭게 하지 말라 내가 내 몸에 예수의 흔적을 지니고 있노라"(갈 6:17)는 고백이 있습니다. 여기서의 흔적의 의미는 자기 자신의 소유로 인정하는 말에게 찍는 불도장을 말합니다. 바울의 이 흔적은 예수 그리스도를 증거하다가 복음의 증인으로 찍힌 십자가의 흔적입니다.

2. 나의 떠날 기약이 가까웠노라

죽음을 앞둔 바울은 디모데에게 "믿음의 선한 싸움을 싸우라"(딤전 6:12)고 했습니다. 이 말은 군사적인 용어로서 이 세상의 영적 전쟁터에서 담대하게 자기가 해야 할 일을 가감 없이 밀고 나가야 할 것을 명하는 것입니다. 전도자는 두 가지 싸움에서 승리해야 합니다.

첫째는, 외부적인 박해입니다. 바울은 외부적으로 환난과 핍박, 그리고 고난을 이겨야 한다고 당부했습니다. 경우에 따라서는 매 맞음도 있을 것이요, 아픔과 역경도 인내해야 할 경우가 많을 것입니다.

둘째는, 마음속에 부딪히는 시험들입니다. 젊은 디모데에게는 마음에 불타는 여러 종류의 욕망들이 있었을 것입니다. 죄악의 생각과 육신의 욕망들이 밀려옵니다. 그러나 스승의 당부를 생각해야 합니다. "영생을 취하라"(딤전 6:12)고 디모데에게 권고하면서 바울은 세상의 욕망보다 주님이 주시는 영생을 취하라고 권면했습니다.

3. 끝까지 사명을 다하라

디모데에게 주어진 사명은 복음을 전파하는 전도인의 사명이었습니다. 스승인 바울이 그러했듯이 디모데에게도 복음전파는 생명을 받쳐 온 힘을 다해야 하는 과제였습니다. 바울은 주님이 자신에게 주신 일은 복음전파의 사명이요, 이를 증거함에 있어서 자신의 생명을 귀한 것으로 여기지 아니한다고 했습니다.

옥중에서 쓴 바울 사도의 편지를 특별히 '옥중서신' 또는 '옥중복음'이라고 합니다. 사람들에게 있어 가장 심각하게 새겨들을 말씀은 유언의 말씀 또는 '유언장'이라고 합니다. 디모데에게 전달된 바울의 유언장과 같은 편지의 내용은 전도자로서 가져야 할 사명이었습니다.

바울은 복음을 전함에 생명을 다하겠다는 다짐을 몇 번이나 했을 것입니다. 우리는 바울의 최후를 잘 모릅니다. 그러나 전해 오는 전승은 다음과 같습니다.

디모데에게 보내진 이 서신은 두기고에 의해 전달되었으며 디모데는 즉시 스승인 바울에게 면회를 갔었는데 그때는 이미 순교를 당한 뒤였다고 합니다.

아무튼 그는 A.D. 90년 경에 로마에서 순교한 것으로 전해지고 있습니다. 우리는 바울 사도의 순교 정신과 복음전파의 열정을 배워야 하겠습니다. 이 시간 모두가 바울 사도처럼 주님께 충성을 다할 수 있기를 축복합니다.

기도

은혜의 하나님! 유한한 사람의 일생이 불현듯 소중함을 새삼 느낍니다. 이 세상에서 가장 값진 일은 역시 복음을 전하는 일임을 다시 생각해 봅니다. 전능하신 하나님, 우리의 일생도 복음과 함께 고난에 동참하는 은혜와 믿음을 더하여 주시옵소서. 한 번밖에 없는 소중한 시간을 값지게 살도록 인도하옵소서. 예수 그리스도의 이름으로 기도합니다. (아멘)

• 성묘설교 8 •

세속주의를 멀리하라

♬찬송 : 445(통502), 69(통33), 406(통464)

"하나님을 가까이하라 그리하면 너희를 가까이하시리라 죄인들아
손을 깨끗이 하라 두 마음을 품은 자들아 마음을 성결하게 하라 슬퍼하며
애통하며 울지어다 너희 웃음을 애통으로, 너희 즐거움을 근심으로 바꿀지어다
주 앞에서 낮추라 그리하면 주께서 너희를 높이시리라"(약 4:8~10)

　야고보 선생이 부자들을 책망하는 이유는 그들이 자기가 가진 넉넉함이나 부요함이 그들의 사고와 가치관을 사로잡고 있어서 좀처럼 말씀을 받아들이거나 회개할 기미가 보이지 않았기 때문입니다.

　중국의 시인 이태백은 공부가 몹시 힘들어서 그만 하산을 하고 말았습니다. 그가 산을 내려와서 길을 가는데 어느 할머니가 쇠몽둥이를 돌에 갈고 있기에 "할머니, 그 쇠몽둥이를 왜 갈고 계십니까?" 하고 여쭈어 보았더니 그 할머니께서는 "내가 한 10년쯤 갈면 이 쇠몽둥이가 바늘이 되지 않겠소."라고 했습니다. 이 말을 들은 이태백은 그 할머님의 말에 감동을 받아 다시 산으로 돌아가서 열심히 공부해서 결국에 중국 최고의 시인이 되었다는 고사입니다. 인내와 노력의 힘을 보여준 할머니가 이태백을 최고의 시인이 되게 한 것입니다.

복음도 마찬가지입니다. 우리는 사람들이 세속적인 자신들의 사상과 뜻을 접고 야고보 선생이 전하여 준 복음을 받아들이고 확실한 신자가 되기까지 꾸준히 복음을 전해야 합니다. 바른 신앙인이 되려면 어떻게 해야 합니까?

1. 세속주의를 멀리하고 하나님을 가까이해야 합니다

사람들이 하나님을 가까이하려고 할 때 하나님과 사람 사이를 가로막는 것이 죄(罪)입니다. 그래서 성경은 '손을 깨끗이 하라' 또는 '마음을 성결케 하라'고 합니다. '손을 깨끗이 한다'는 것은 무엇을 의미합니까? 구약시대 때에 하나님의 대제사장은 거룩한 지성소에 들어가기 전에 반드시 물두멍에서 손을 씻고 지성소에 들어갔습니다.

구약에서 '손'은 부패한 행동을 의미합니다. 따라서 손을 씻는다는 것은 '내가 하나님 앞에서 깨끗하게 서기를 원한다.'는 것을 나타내는 상징적 행위입니다. 이것은 또한 '마음을 성결케 하라'는 말씀과 연결됩니다.

다윗은 "곧 손이 깨끗하며 마음이 청결하며 뜻을 허탄한 데에 두지 아니하며 거짓 맹세하지 아니하는 자로다"(시 24:4)라고 노래했습니다. 여기서의 손은 외적 행동을, 마음은 내적인 사상을 의미합니다. 성도는 외적 행동과 내적 사상을 주님의 보혈에 씻고서 거룩하신 하나님 앞에 깨끗하게 서야 합니다.

2. 슬퍼하며 애통하여야 합니다

성도들은 자신들의 영적 상태를 돌아보면서 내게 있어야 할 것이 없음을 인해서, 또 내게 없어야 할 것이 있음을 인해서 슬퍼하며 애통하여야 합니다. 회개해야 합니다.

바울 사도는 자신에게 있어야 할 선이 없고 없어야 할 악만 가득한 것을 보고 "오호라 나는 곤고한 사람이로다"(롬 7:24)라고 탄식했습니다. 우리들의 즐거움은 무엇입니까? 돈입니까? 명예입니까? 권력 내지 인기, 또는 인정의 문제입니까? 이 모든 것이 다 때에 따라서는 필요하겠지만 모두 유한한 것입니다. 이 세상에서 무한한 것은 없습니다. 그러나 믿는 우리는 영원한 하늘나라의 것으로 채워지기를 축원합니다.

3. 주 앞에서 낮추어야 합니다

주님 앞에서 자신을 낮춘다는 것은 자신의 영적 가난을 인식하는 일이요, 아울러 자신의 삶 전체를 주님께 순복하는 것입니다. "무릇 자기를 높이는 자는 낮아지고 자기를 낮추는 자는 높아지리라"(눅 18:14)는 이 말씀을 기억합시다. 이 낮춤의 자세는 겸손입니다. 다툼이 일어나는 것은 서로 양보심이 없기 때문입니다. 형제 사랑에 대한 야고보 선생의 말씀을 살펴봅시다. 왜 형제를 사랑해야 합니까?

첫째는, 피로 값 주고 산 믿음의 형제를 더욱 사랑하고 아끼는 것이 율법의 정신이기 때문입니다. 우리를 위해서 십자가의 고난을 당하신 주님을 생각해 볼 때 형제는 절대로 비방의 대상이 될 수 없습니다.

둘째는, 형제를 비방하는 것은 율법을 어기는 것이 되기 때문입니다. 성경은 "율법을 들여다 보고 있는 자는 듣고 잊어버리는 자가 아니요 실천하는 자니 이 사람은 그 행하는 일에 복을 받으리라"(약 1:25)고 했습니다.

셋째는, 하나님의 주권을 침해하지 말라고 했습니다. "입법자와 재판관은 오직 한 분이시니 능히 구원하기도 하시며 멸하기도 하시느니라"(약 4:12)고 했습니다. 형제를 미워하는 것은 곧 하나님을 멸시하는 것입니다.

오늘 이 산소에 올라와서 무엇을 생각해 보았습니까? 하늘나라에 가신 고인께서는 우리의 삶과 생활을 천국에서 지켜보시면서 주님 오실 때까지 뜨거운 열정과 마음으로 서로 사랑하라고 당부하고 계실 것입니다. 기도드리겠습니다.

기도

하나님 아버지! 우리가 주님 오실 때까지 믿음을 지키기 위해서는 우리 모두 뜨거운 마음으로 서로 사랑하고 서로가 서로를 섬기며 형제 사랑의 신앙의 모범을 보이도록 은혜를 부어 주시옵소서. 사랑을 입은 예수님의 이름으로 기도드립니다. (아멘)

• 성묘설교 9 •

수직적인 선교의 열매들

♬찬송 : 608(통295), 359(통401), 347(통382).

"내가 너로 큰 민족을 이루고 네게 복을 주어 네 이름을 창대하게 하리니
너는 복이 될지라 너를 축복하는 자에게는 내가 복을 내리고
너를 저주하는 자에게는 내가 저주하리니 땅의 모든 족속이
너로 말미암아 복을 얻을 것이라 하신지라" (창 12:2~3)

교회에서 유행하는 '아이야'라는 말이 있습니다. 이 말의 뜻은 곧 아브라함과 이삭과 야곱이라는 말입니다. 이 말은 우리에게 무엇을 알려줍니까? 그것은 다름 아닌 가문에 내려오는 수직적인 선교의 정신을 말해 주는 것입니다.

혼탁한 이 세대에서 꼭 기억해야 할 것은 성도의 수직적인 선교의 정신이 사라져 가고 있다는 것입니다. 구약 성경을 보면 아브라함이 그가 백 세에 낳은 아들의 신앙을 위해서 머나먼 메소보다미아에 가서 신부감을 데려온 것은 모두가 자식의 신앙을 바르게 전수하고자 한 일념에서 비롯된 것입니다.

우리도 이와 같이 온전한 신앙의 전수를 위해서는 최선을 다하는 모습이 필요합니다.

1. 수직적인 선교의 정신은?

철저한 믿음의 계보가 되어야 합니다. 아브라함은 아들 이삭을 낳아서 잘 훈련했고 믿음의 후손으로 양육했습니다. 원래 아브라함에게는 나이 백 세가 되기까지 자손이 없었습니다. 그래서 인간적인 방법을 택하여 여종 하갈에게서 이스마엘이라는 자식을 얻었습니다. 하나님은 이 때 아브라함과 영적 교제를 십 수 년 동안 끊으셨습니다.

그러나 신실하신 하나님은 아브라함과의 언약을 지키시고 약속의 아들을 주셨습니다. 아브라함은 바랄 수 없는 중에 바라고 믿어서 드디어 백 세에 약속의 아들 이삭을 얻게 되었습니다(롬 4:18-22, 갈 4:22-28). 이 이삭은 육십 세에 에서와 야곱 쌍둥이를 낳았습니다.

2. 이삭과 그의 후예 야곱

이삭은 40세에 브두엘의 딸 리브가를 아내로 맞이했지만, 하나님께서 태문을 빨리 열어 주지 않아서 60세까지 자녀를 얻지 못했습니다. 그 해에 하나님께서 태문을 열어 주시므로 에서와 야곱을 얻게 되었습니다(창 25:25).

이삭은 에서를 사랑하여 장자에 걸맞은 축복을 주려 했으나(창 27:5~30) 우리가 잘 알다시피 어머니 리브가의 사랑받던 야곱이 장자의 명분을 팥죽 한 그릇에 얻게 되었고 이로써 야곱은 영적 장자가 되었습니다. 이것이 화근이 되어 형 에서를 피하여 밧단아람으로 피신하는 신세가 된 것입니다. 후에 에서는 이방 여인을 취하고 믿음에서 멀어졌습니다.

'믿음의 장'으로 평가되는 히브리서는 이삭을 믿음의 사람으로 평가했습니다(히 11:20).

누가복음에 기록된 "그 위는 야곱이요 그 위는 이삭이요 그 위는 아브라함이요"(눅 3:34) 이것이 수직적인 선교의 정신이요, 족보의 선교입니다. 또 바울은 이삭을 약속의 아들이라 부르며(갈 4:21~31), 아브라함의 믿음에 의한 이삭의 희생을 그리스도의 희생과 연관을 지어서 말씀하고 있습니다.

3. 우리 가문을 믿음의 족보로 만들어야 합니다

"믿음은 바라는 것들의 실상이요 보이지 않는 것들의 증거니"(히 11:1)라고 히브리서 기자는 그의 책에 썼습니다. 믿음이란 바라고 원하는 일이 때가 되매 실상으로 이루어짐을 말합니다.

우리 가정, 우리 가문의 문제가 실제로 이루어지기 위해서는 기도의 무릎이 필요하고 믿음의 간구가 필수적입니다. 이삭은 야곱에게 "내 아들의 향취는 여호와께서 복 주신 밭의 향취로다"(창 27:27) 하면서 이삭은 야곱에게 세 가지 복을 빌어 주었습니다.

첫째는, 천상의 복이었습니다. "하나님은 하늘의 이슬과 땅의 기름짐이며 풍성한 곡식과 포도주를 네게 주시기를 원하노라"(창 27:28)고 간절하게 축복했습니다.

둘째는, 열국의 복이었습니다. "만민이 너를 섬기고 열국이 네게 굴복하리니 네가 형제들의 주가 되고"(창 27:29)라고 그 가문의 영광의 자리를 빌어준 것입니다.

셋째는, 땅의 권세의 복이었습니다. "너를 저주하는 자는 저주를 받고 너를 축복하는 자는 복을 받기를 원하노라"(창 27:29)가 그것입니다. 오늘 이 시간 '아이야'로 이어지는 수직적인 선교로 우리 모두 믿음의 족보를 이루어 훌륭한 가정, 축복받는 가문의 영광을 누리시기를 기원합니다.

기도

축복의 근원이 되시는 하나님 우리 아버지시여! 우리 가문, 우리 가정에 예수 그리스도를 구세주로 영접할 수 있는 믿음을 주심을 감사드립니다. 혹시 지금까지 삶을 살아오면서 우상을 섬겼던 일들이 아직도 티끌만큼이라도 남아 있다면 긍휼이 풍성하신 하나님께서 용서의 은혜를 주시어서 회개의 영을 부어 주시옵고, 전능하신 하나님의 뜻을 깨닫고 말씀에 순종하는 믿음을 주옵소서. 믿음의 족보를 이루어 주님을 사랑하는 가문과 가정으로 이끌어 주신 구주 예수님의 이름으로 감사하며 기도드립니다. (아멘)

· 제4장 ·

제사와 예배

1. 제사 (기독교식 예배)의 기원

추도식 또는 추모식 예배 문화가 기독교에 접목된 이유는 유교 문화권이나 기타 샤머니즘적 문화에 대처하기 위한 것으로, 추모식 때에 음식과 조상신에 대한 절만 생략된 가운데 예배로 바뀌어졌습니다.

본장의 제사의 기원은 기독교인이라면 참고할 만한 가치가 있으므로 여러 문헌을 참고 삼아 기재한 것입니다. 고대 중국의 풍속들과 유교 및 샤머니즘의 결탁으로 행해지기 시작한 제사 제도는 조선 시대에 정책적인 이유로 급속히 평민들에게까지 정착되어 오늘에 이르게 된 것입니다. 언제부터 제사 제도가 우리나라에 들어왔는가는 단정적으로 말하기는 쉽지 않지만 대부분은 고대 원시적인 종교에 그 기원을 두는 것이 정설입니다.

아프리카에도 원시적인 제사 형태가 있었고, 고대 중국의 당나라나 한나라 때에도 이미 제사 제도가 있었습니다. 그러나 고대 중국의 제사 제도는 죽은 조상들에게 하는 제사가 아니라 통치자인 황제에게 하는 제사였습니다.

그러다가 춘추전국 시대에 이르러서는 평민도 명당에서 제사를 지내게 되었습니다. 그 후에 이 같은 제사 제도에 이론적 뒷받침을 제공한 것은 12세기에 이르러 송나라의 주자(朱子)가 성리학을 집대성하고서부터입니다.

우리나라에서도 삼국시대에는 특별히 왕에게 제사를 지냈으나 평민들 사이에는 성행되지 않았고 고려시대에는 초기에는 불교를 숭상하여 제사 제도가 없었으나 점차 불교가 샤머니즘과 결탁하면서 고려 말에는 사당이 곳곳에 세워졌는데 개인적으로 뛰어난 자가 있을 때 그 조상을 섬기는 사당을 세우게 된 것입니다. 그러다가 조선시대 초기에 성리학이 도입되었고 세종 때에 이르러서는 각 지역에 사당이 세워졌습니다.

조선시대에 이르러 갑자기 제사 제도가 성행하게 된 것은 여러 가지 이유가 있다고 봅니다. 우선, 불교를 멀리하고 유교를 숭상하는 정책을 택했습니다. 그러니 조선에서는 정책적으로 조상 숭배의 제도를 강조할 수밖에 없었고 결국 교육적이며 정책적인 목적으로 제사 제도를 시행하게 된 것입니다.

조선에서 처음 제사 제도를 시행했을 때에는 중국의 주나라 때에 생사(生祠), 즉 생전에 훌륭한 사람에게 제사하는 일이 태조 당시 잠시 성행했으나 곧 사라져 버리고 신주, 위패, 지방들을 놓고 제사하는 형태로 바뀌게 되었습니다. 고대 중국의 풍속들과 유교와 샤머니즘의 결탁으로 퍼지기 시작한 제사 제도는 조선시대에 정책적인 이유로 급속히 평민들에게 정착되어 오늘에 이르게 된 것입니다.

이 같은 제사 문화의 영향을 입고 출발한 기독교는 유교를 대처해야 하는 문제점을 안고 있었습니다. 한 가지 예를 든다면, 로마가 기독교를 국교로 공인했을 당시에 12월 25일은 태양신을 섬기는 축제일이었는데 태양신을 섬기기 위해 모든 사람들이 로마로 몰리자 기독교에서는 그날을 크리스마스로 정하여 태양신을 섬기는 문제점을 다소나마 해소했다고 합니다. 이런 이유로 12월 25일이 성탄절이 된 것입니다.

원래 역사적으로 주현절이라 하여 1월 6일에 주님이 오신 날로 섬기는 기독교 종파도 있습니다. 아무튼, 기독교에서는 음식과 조상신에 대한 절만 생략시키고 기독교적인 제례 문화를 접목시켜 발전시키고 있습니다.

2. 조상 숭배 제도와 제사 문화의 문제점

우리 민족의 제사 문제는 오랫동안 기독교와 갈등을 빚고 있었습니다. 조상 숭배라는 말 자체가 기독교에서는 거부되는 단어입니다.

조상 숭배 문제는 기념이나 추모로 끝나는 것이지 계속해서 예배나 제사로까지 나아가서는 안 된다는 것이 기독교의 지론입니다. 인간이

건 물건이건 하나님과의 대동한 위치에서 예배드린다는 것은 비기독교적인 것입니다. 기독교에서는 조상에 대해서 어떤 자세를 가지고 있는지 살펴봅시다.

첫째, 효정(孝情)의 표시로서 효에 대한 근본 정신에 대해서는 기독교가 반대할 만한 아무런 이유가 없다고 생각합니다. 십계명 가운데 제 5계명은 "네 부모를 공경하라 그리하면 나 여호와가 네게 준 땅에서 네 생명이 길리라"고 하였습니다. 이 같이 십계명이나 성경 속에 깔려 있는 여러 성구들을 살펴볼 때 살아 생전에 부모님을 공경하는 것을 효도라고 보지만 그러나 사후(死後)에도 그분을 그리워하고 조상신으로 추앙하는 것은 신앙의 도리에 어긋나는 것입니다. 그러나 효(孝)자체를 적대시해서는 안 됩니다.

에베소서 6장 1~3절의 "자녀들아 주 안에서 너희 부모에게 순종하라. 이것이 옳으니라 네 아버지와 어머니를 공경하라 이것이 약속이 있는 첫 계명이니 이로써 네가 잘되고 땅에서 장수하리라"는 말씀을 우리가 꼭 기억하고 명심해야 하는 이유가 여기에 있습니다.

주님의 가르침을 살펴보면 "하나님이 이르셨으되 네 부모를 공경하라 하시고 또 아버지나 어머니를 비방하는 자는 반드시 죽임을 당하리라 하셨거늘 너희는 이르되 누구든지 아버지에게나 어머니에게 말하기를 내가 드려 유익하게 할 것이 하나님께 드림이 되었다고 하기만 하면 그 부모를 공경할 것이 없다 하여 너희의 전통으로 하나님의 말씀을 폐하는도다"(마 15:4~6)라고 함으로써 하나님을 핑계하여 부모를 버리는 자를 주님은 책망하셨습니다.

위의 '하나님께 드림이 되었다'는 히브리어 '고르반'으로 이것은 유대인이 어떤 물품을 하나님께 바쳐 속인이 사용하지 못하게 하는 서약문을 가리키는데 그 의미는 '저에게서 공양받으실 것은 예물입니다'라는 것입니다. 당시 부모와 사이가 나쁘면 고르반 서약문을 이용하여 부모 봉양을 저버리는 자들이 있었습니다. 이와 같이 종교를 빙자하여 계명과 인륜을 저버리는 기만적인 행위를 예수님은 용납하지 않으셨습니다. 기독교는 효를 강조하는 종교입니다. 그러나 조상신을 모시지는 않습니다.

그러므로 제(祭)라고 하는 조상봉사제도(祖上奉祀制度)의 근본정신인 효의 윤리적 가치를 기독교 안에서 다시 재해석 되어야 합니다. 우리는 토착문화 속에서 부모가 돌아가신 후에 제사 문제를 '추도' 또는 '추모'라고 하여 큰 문제가 없는 것처럼 생각하는 경우도 없지 않기에 원칙은 아니지만 추모예배를 드리되 2회 이상은 드리지 않는 것을 권하고 싶습니다. 그리고 기일에는 감사예배를 드리면 됩니다.

둘째, 우리가 확실하게 인식해야 할 일이 있습니다. 제례의 제사 속에 내포되어 있는 죽음과 사후 상태에 대한 견해에 대해서는 이를 절대적으로 인정할 수 없는 동시에 이것과 관계되어 있는 제(祭)의 형식은 확실하게 기독교적이 아님을 기억합시다. 다시 말하면, 제사의 형식을 빌어 혼이 산 사람과 죽은 사람이 합일된다는 비과학적이고 비기독교적인 견해는 절대로 용납될 수가 없음을 기억합시다.

만약에 추모예배를 드림에 있어서 조상 숭배 정신으로 예배를 드린다고 한다면 이것은 큰 모순이 아닐 수 없습니다. 우리에게는 조상 숭배라는 단어 자체도 큰 문제가 될 뿐 아니라 용어 자체도 우리는 우리 머릿속에서 완전하게 제거해야 할 것입니다. 죽은 자는 죽은 자대로 하나님의 심판대 앞에 맡겨야 합니다. "주께서 호령과 천사장의 소리와 하나님의 나팔소리로 친히 하늘로부터 강림 하시리니 그리스도 안에서 죽은 자들이 먼저 일어나고 그 후에 우리 살아 남은 자들도 그들과 함께 구름 속으로 끌어 올려 공중에서 주를 영접하게 하시리니 그리하여 우리가 항상 주와 함께 있으리라 그러므로 이러한 말로 서로 위로하라"(살전 4:16~18)고 성경은 말하고 있습니다.

이 성경 말씀은 우리에게 얼마나 큰 소망을 주고 있습니까. 문화라는 것은 우리를 완전하게 세뇌시킬 뿐만 아니라 잘못된 부분까지 합법화시키는 모순점이 있습니다. 따라서 잘못된 것을 문화라는 외피로 덮어 따르지 말고 성도는 오직 성경 말씀 속에서 진리를 추구해야 합니다. 참 진리이신 주님만이 우리를 모든 잘못된 것에서 자유하게 하십니다(요 8:32).

셋째, 우리가 가져야 할 태도입니다. 앞에서 말한 것과 같이 조상 숭배가 대가족제도의 사회적인 부산물로서 절대적인 가치를 가지고 있는 것 같으나 우리는 상대적인 것을 기억해야 합니다. 소가족제도가 발달한 미국에서는 조상 숭배가 자취를 감추었다고 합니다. 물론 우리나라는 고대의 미풍양속이라는 점에서 이를 보존하려는 노력이 있지만 성경이 말하고 있는 사후의 세계는 하나님 안에 있기 때문에 우리는 철저하게 하나님 제일주의 사고 속에서 살아야 하며 조상 숭배는 가치가 없음을 기억합시다.

이제부터 수직적인 추모 행위는 수평적인 행동으로 나타나야 하며 부모님께 받은 사랑에 눈물 지으면서 내게 맡겨진 자녀에 대한 사랑과 책임을 인식하고, 부모가 남겨준 귀한 업적을 마음속에 간직하며 그 사랑을 교회에 쏟아놓아야 할 것입니다.

한 가지 마음속에 새겨야 할 것은 부모님의 사랑과 그 그늘 속에서 양육받은 한 형제자매들이 핵가족 제도에서 1대가 지나고 2대만 가도 멀어지는 경우가 있으므로 추모하고 그리워하는 마음보다는 가족 모임이나 형제자매들의 모임들을 만들어서 친교를 나누며 명절이나 휴가철에 서로 모여 아름다움을 지속시켜 나간다면 참으로 아름다운 결실을 맺을 것으로 생각됩니다.

3. 민간에서의 제사

제사 문제로 인해 카톨릭과 개신교가 함께 큰 과오를 범한 적이 있었습니다. 그 사회의 민간 의식을 우상 숭배로 몰아 수많은 희생자를 내었다고 역사는 증언하고 있습니다. 우리나라에서 카톨릭 선교 초기에 가장 많은 희생자를 낸 주요 원인은 이 제사제도 때문입니다.

이 제사 문제로 1791년에 400여 명이, 신유박해 시에 300여 명이 희생을 당했습니다. 그 외에도 부지기수가 희생되었던 것을 역사는 말하고 있습니다. 당시 조선의 조정은 기독교에 대한 박해에 초점을 두었다기보다는 제사 문제에 대한 그릇된 판단에 주안점을 두었습니다. 카톨릭 교회는 한국의 우상 숭배를 거부하기는 했지만 그 자리에 마리아 숭배를 대치시켰으니 같은 인간 숭배를 장려한 샘입니다.

 개신교는 조상 숭배를 배척함에 있어서 여러 모로 신중을 가한 듯합니다. 게일(J. S Gale)목사는 원산에 있는 성도들에게 문의한 바 불가하다는 중론에 입각하여 제사를 금하기로 했으며 전국으로 제사를 자제시켰다고 합니다.

 다만 카톨릭의 경우나 개신교의 경우나 이 제사 문제에 관해 사전 준비나 연구가 없었다는 것이 모순이 되었습니다. 선교 초기에 이 제사 문제를 큰 장애물로 착안하여 이를 제거하지 않고 우선적으로 교세에만 신경을 쓴 것은 외형적인 관점에 치중했음을 보여주고 있습니다.

 결론적으로, 선교 초기에 우리나라의 민족 문화를 연구 없이 대처함으로 빚어진 과오는 실수이며 올바른 방법이 아님을 보여주고 있습니다. 따라서 민족 문화적인 측면에서 대처할 만한 방법이나 계몽시켜야 하는 주관점이 없어 마찰의 큰 불씨가 되었던 것입니다. 문제는 일방적으로 거부만 하고 거기에 대한 대처할 만한 다른 방도를 마련해 주지 못하여 기독교를 조상 숭배나 효의 거부로 잘못 인식하고 있기 때문에 전도의 문이 열리지 못한 원인이 되고 말았습니다. 우리가 긍정적으로 생각한다면 이스라엘 민족이 가나안에 들어가서 가장 염려했던 문제도 역시 이방 신상이나 우상 숭배의 문제였기에 그 근본을 차단하려는 노력은 조금은 위안이 되기도 합니다.

4. 추모식 예배에 대한 바람

'제사'란 조상에 대한 효성의 발로라고 생각할 수도 있습니다. 그러나 우리나라에서 제사법과 제사에 대한 정신은 효성을 표시하는 의식적 규례를 넘어서 조상 숭배와 정령 숭배 등 샤머니즘의 온상으로 변질되었고, 또 한편으로는 과도한 의식주의에 빠져서 생전에 불효했던 자식들도 사후에 제사만 잘 차리면 예가 된다는 등의 생각으로 과하게 제사상을 차려 경제적인 파탄까지 초래하게 되었습니다.

그러므로 초기의 전도자들은 이러한 폐습을 일소하기 위하여 종전에 행했던 제사법을 금지한 것입니다. 그 좋은 예로서 천주교 최초의 순교자인 윤지충은 어머니가 돌아가신 후 제사를 지내지 않아 불효했다는 죄목으로 참형을 당하였는데, 그때 자신의 억울함을 호소하는 공술서에 제사의 미신적 요소와 그런 제사법이 오히려 더 불효한 정신이라는 점 등을 들었다고 합니다.

어떤 사람이 조상의 차례 상을 차리는 것에 대해서 공자에게 물었습니다.

"차례 상을 성대하게 차려야 합니까? 아니면 간소하게 차려야 합니까?" 그러자 공자는 곰곰이 생각해 보고 성대하게 차례 상을 차리는 것이 효 정신이라고 한다면 부모님 기일에 차례 상 준비에 패가망신 될까 두렵고, 만일 간소화하라고 한다면 불효가 만연할까 염려가 되어 아무런 대답도 하지 않았다고 합니다.

한국 개신교회는 제사 문제를 성례전으로 취급하지는 않으나 일반적으로 부모나 조상 기일에는 가족이나 교회 식구들을 중심으로 모여서 추모예배를 함께 드리고 있습니다. 추모예배를 드리는 것은 생전에 고인의 유덕을 기리며, 주님이 오실 때까지 믿음의 삶을 다짐하며, 선조들의 훌륭한 정신을 기본으로 삼으며, 생전의 고인이 간직하셨던 신앙정신을 되새겨 보려 하는 것입니다.

우리의 추모식 예배나 장례 절차가 개선해 나가야 할 것이 많음은 부인하지 않을 수 없습니다. 지금까지 제사문제로 시비가 끊이지 않고 있는 바 성경에 위배되지 않는 차원에서 개선해 나가야 합니다.

지금도 추모예배가 고인의 초상화 문제나 의식에 있어서 절차가 많은 중에 있는 줄 압니다. 이 같은 점도 절차를 거쳐서 시정도 되고 성경에 전혀 위배되지 않는 차원으로 발전했으면 합니다. 교회 내부에 걸려 있는 예수님 초상화도 우상시하면 안 된다고 하는 교회도 있습니다.

고인들의 초상화를 벽에 걸어두는 것은 상관이 없겠지만 만약의 경우 상을 차리고 촛불을 켜두는 행위는 금해야 할 것입니다. 지금 이 땅에서는 여러 가지 심상치 않는 사건들이 일어나고 있습니다. 말세의 징조가 보인다고 합니다. 주님의 재림이 가까이 왔다고 합니다.

"주께서 호령과 천사장의 소리와 하나님의 나팔 소리로 친히 하늘로부터 강림하시리니 그리스도 안에서 죽은 자들이 먼저 일어나고 그 후에 우리 살아 남은 자들도 그들과 함께 구름 속으로 끌어 올려 공중에서 주를 영접하게 하시리니 그리하여 우리가 항상 주와 함께 있으리라 그러므로 이러한 말로 서로 위로하라"(살전 4:16~18)고 성경은 우리에게 소망의 말씀을 주고 있습니다. 또 요한계시록이나 마태복음 24장의 말씀들을 상기해 보면서 모두 주님 오실 그날을 대비하는 신실한 믿음의 역군들이 되기를 간절하게 기원합니다.

5. 웨스트민스터 예배 모범

개혁주의 웨스트민스터 예배 모범서에는 "어떤 사람이 그 생애를 끝마치고 매장되는 날에는 그 유해를 집에서부터 장지(묘지)에 이르기까지 정중하게 운반해야 한다. 장지에서는 여차한 의식도, 행함도 없이 곧바로 매장되어야 한다. 유해가 집으로부터 운반되어 나가기 전에 안치된 곳에서 무릎을 꿇는다든지 기도를 한다든지 등등의 이와 같은 관습은 미신적인 것이다. 그 외에도 가는 도중이든지 묘지에서든지 기도하거나 낭송하거나 노래하는 것은 죽은 자에게 아무런 도움이 되지 않을 뿐만 아니라 살아 있는 자들에게는 해가 되는 것이

명백하므로 이러한 습관은 모두 제거되어야 한다."고 규정하고 있습니다. 우리나라 개신교단은 어느 정도는 웨스트민스터 예배 모범서를 따르고는 있지만 실제적으로는 종교적 의식으로 장례를 집행하고 있습니다.

개신교의 추모식은 하나님의 섭리에 순종하면서 절이 생략된 예배 순서로 위로와 권면의 절차로 진행하고 있습니다. 비록 추모예배라고는 하지만 하나님보다 더 사랑하는 모든 것이 죄라고 했으므로 추모하는 마음, 사모하는 마음이 지나치면 우상 숭배에 빠질 경우가 되므로 주의하십시다. (웨스트민스터 예배 모범 31, 75, 77, 132, 133, 135쪽 등에서 참고함)

6. 추모예배는 두 차례만 드립니다

10여 년 전에 모 출판사에서 '가계에 흐르는 저주를 끊어야 산다' 라는 책이 출판되어 우리나라 개신교단이 우리의 문화를 돌이켜 본 일이 있었습니다. 이 책은 조상의 잘못으로 저질러진 죄들을 대신해 회개해야 한다고 기술하고 있습니다. 나는 우리 기독교가 웨스트민스터 예배모범서대로 따라가야 한다고 생각합니다. 그 예배모범서대로라면 불신앙적인 어떠한 행위도 어떤 절차도 허용되지 않음을 주지시켜 줄 것으로 믿고 있습니다. 또 모든 명절에 드리는 예배도 고인에 대한 지나친 추모 행사는 자제하는 것이 바람직합니다. 저의 개인적인 생각으로는 부모님이 돌아가신 이후에 두 차례 정도 추모예배를 드리면

되지 않을까 생각됩니다. 그리고는 감사예배로 바꾸어 드리면 좋을 것 같습니다.

핵가족 제도가 되어 가면서 종친 간의 사이는 물론 한 부모 밑에서 자란 형제자매의 관계까지도 멀어지는 현실입니다. 그러므로 친교적인 차원에서 예배도 드리고 화목을 도모하며 부모님의 교훈을 되새겨 보는 계기를 만드는 것이 바람직합니다. 예배의 목적이 하나님을 기쁘게 하며 영화롭게 하기 위한 것이기에 그 방향과 목적을 잘 살피는 것이 중요합니다.

묘지 관리는 우상 숭배가 아니므로 벌초나 기타 나무를 심어서 흉하지 않도록 관리를 한다면 자식에게 좋은 교육이 되리라 봅니다. 더불어 살아생전에 남겼던 교훈이나 그분의 삶과 나라에 공을 세웠던 일들을 후손들에게 알려 준다면 그분의 정신을 배우게 될 것입니다.

구약성경에는 제사 의식이 많이 보여져 있는데 그 의미와 의도는 우리의 제사와는 전혀 다른 것입니다. 구약 제사의 가장 중심은 예수님이 이 땅에 오셔서 속죄의 제물로서 희생 제사를 드린 예표로서 드려졌던 것입니다. 우리들의 문제는 하나님의 위치에 조상을 모시고자 하는 행위가 바로 우상 숭배이므로 개신교단에서는 추모예배도 2회까지로 제한하고 있음을 유념하시기를 바랍니다.

우리는 자나 깨나 가야 할 목적지가 정해져 있기에 흔들림 없이 믿음으로 하루하루 세상을 이기는 노력이 필요합니다. 구약 성경 신명기의 말씀을 새겨보고자 합니다.

"이 말씀을 너는 마음에 새기고 네 자녀에게 부지런히 가르치며 집에 앉았을 때에든지 길을 갈 때에든지 누워 있을 때에든지 일어날 때에든지 이 말씀을 강론할 것이며 너는 또 그것을 네 손목에 매어 기호를 삼으며 네 미간에 붙여 표로 삼고 또 네 집 문설주와 바깥 문에 기록할지니라"(신 6:6~9)고 했습니다. 하나님의 말씀은 죄로 만연된 현재를 살아가는 성도들의 지침서가 됨을 꼭 기억하시기를 바랍니다.

7. 유전으로 알려진 명절 의례

1) 설 명절을 원단(元旦)이라고 함
이날은 한 해의 시작이요, 첫날이므로 매우 귀하게 여기며 지켜왔습니다. 이날은 여러 가지 종류의 음식을 준비하여 이웃을 대접하고 웃어른께 세배(歲拜)를 하며 첫해의 첫날로서 첫걸음을 조심하며 매사에 심사숙고하여 첫날을 잘 보내려고 힘을 썼습니다.

2) 한식(寒食)이 있음
이날은 동지로부터 105일째 되는 날로서 민간의식으로는 성묘하는 것이 특징입니다. 조상들의 묘를 돌아보며 이장도 하고 선산을 돌아보며 관리하는 날이기도 합니다. 이날에는 나무도 심고 뗏장도 입히며 돌을 붙이기도 하지만 믿음의 사람들은 겉치레를 삼가는 것이 하나님 앞에 바람직함을 기억하시기 바랍니다.

3) 단오(端午)절이 있음

단오절은 음력 5월 5일에 지켜온 절기입니다. 단오절은 천중절(天中節)이라고도 합니다. 이 날에는 액을 물리친다 하여 주사(朱砂)로 문구를 써서 부적을 붙이는 풍습이 있었습니다. 간혹 지나다니다가 보면 눈에 띄는 문구가 생각나실 것입니다. 입춘대길(立春大吉)이라는 문구를 대문에 많이 붙여 놓은 것을 보는데 한국 사람들의 문제점은 그저 복이 된다고 하면 무엇이나 흉내내고자 하는 것에 있습니다. 이 같은 풍습은 봄이 왔다고 하여 크게 길함을 바라는 일종의 무속신앙에서 온 것입니다.

4) 추석(秋夕)명절이 있음

① 가장 큰 문제점은 제사제도입니다. 이는 "조상신을 잘 섬겨야 복을 받는다."라고 하는 민간신앙에서 비롯되었기 때문입니다. 그러나 우리 기독교는 십계명 중 제2계명에 "너를 위하여 새긴 우상을 만들지 말고 또 위로 하늘에 있는 것이나 아래로 땅에 있는 것이나 땅 아래 물 속에 있는 것의 어떤 형상도 만들지 말며 그것들에게 절하지 말며 그것들을 섬기지 말라."고 우상을 금하고 있음을 기억해야 할 것입니다. 무속 신앙의 문제점은 조상의 묘를 잘 써야 후손이 복을 받는 것으로 믿고 있기 때문입니다. 이 같은 사상은 미개한 옛날의 풍수지리설에 근거해 잘못 내려온 풍습입니다.

② 또 무속적 민속놀이는 모두가 미신적인 요소에서 출발했으므로 고쳐야 하는 풍속입니다. 농악으로 잡귀를 쫓는다거나 팥죽을 끓여

먹음으로써 액을 면한다는 풍속도 미신적이므로 버려야 합니다. 이처럼 우리의 고유 풍속에는 우리가 잘 모르는 비기독교적이며 미신적인 요소가 많이 스며들어 있습니다.

 선교 초기에 외국의 선교사들이 우리나라에 들어와서 여러 종류의 이질적인 민간신앙과 민족 문화 속에서 박해와 시련이 많았지만 지금 와서 보면 그것들이 매우 값진 것임을 느끼게 됩니다. 또한, 당시 선교사들의 가르침을 보면

· 술을 마시지 말라.
· 담배는 끊어라.
· 조상신을 섬기는 행위는 우상숭배니 행하지 말라.
· 축첩생활은 하나님의 계명에 어긋나는 행위이니 행하지 말라.
  ※(축첩(蓄妾)생활이란 당시에 부유층의 일부가 애첩을 둔 일을 말함.)
· 노름을 하지 말라.
· 궁합(宮合)은 혼담이 있는 남녀의 집에 사주를 오행(五行)에 맞추어 봄으로써 배우자의 길흉을 보는 행위로 이는 미신행위이니 보지 말라.
· 운수 좋은 날을 잡아 집을 사거나 고치는 행위, 또는 이사하는 날을 택하는 (손 없는 날) 풍속 등은 미신행위이니 날짜를 보지 말라.

 이렇게 초기 선교사들이 백성들에게 미신적인 요소를 제거하고 기독교 문화를 적극 심어줌으로써 많은 오해와 박해는 받았지만, 이것들이 오늘날 잘못된 오해나 문화를 개선해 나가는 데에 크게 일조했음을 기억해야 합니다.

⟨편집 후기⟩

추모예배 설교나 그 외 모든 자료는 현장과 상황에 따라 다르기에 어디까지나 이 작은 책자는 자료집에 불과합니다. 그러므로 사용하는 분들께서는 현장감 있게 잘 숙지하고 소화해서 은혜롭고 실감 나고 신실한 말씀으로 위로와 소망을 줄 수 있어야 합니다.

더불어서 신앙생활에도 활력이 넘치며 육신적으로 회복이 필요한 분들이 치유받고 회복이 되도록 소망 찬 말씀들이 저들의 마음을 움직이기를 원합니다. 또한, 아무리 좋은 것이라도 삶에 적용되어 이루어지지 아니하면 맹인이 책을 읽는 것과도 같습니다. 따라서 이 작은 책자를 지혜롭게 잘 활용할 수 있기를 간절히 소망합니다.

고 박정희 대통령이 집권 시 '가정의례 준칙'을 선포하고 부모님이나 고인의 별세 이후 그 기일이나 제사를 2회로 못 박았습니다. 이렇게 믿지 않는 사람들도 단축하여 기일을 지키는데 하물며 믿음의 사람들이 추모예배를 계속해서 추모하는 마음으로 예배를 드린다고 한다면 이는 하나님의 신성을 모독하는 일이 되는 것입니다. 삼가 2회로 결단해야 합니다. 그리고 후에는 감사예배로 드립시다.

하나님 앞에서는 그 누구도 수평적인 관계 이상은 되지 못합니다. 그러므로 2회 이상 추모식이나 추모예배를 드리는 것은 이와 똑같은 뜻이기에 이를 금지하는 것입니다. 행여 사모함이나 그리움이 도를 넘어서 이것이 수직 관계로 인식되어 불신자들처럼 조상신의 도움을 구하는 방법으로 생각이 미친다면 이는 큰 우상 숭배의 죄를 짓는 것이므로 조심스럽게 2회로 못 박아야 할 것입니다. 우리도 언젠가는 하나님의 부름을 받고 소망 중에 하늘 나라에 가게 됨을 명심합시다.

"이것들을 증언하신 이가 이르시되 내가 진실로 속히 오리라 하시거늘 아멘 주 예수여 오시옵소서"(계 22:20). (아멘)

평신도를 위한

추모예배 설교

- **저 자** 최무남

1판 1쇄 인쇄일 2012년 9월 10일
1판 2쇄 발행일 2013년 5월 20일

- **발 행 처** 도서출판 예루살렘
- **발 행 인** 조현숙
- **등록번호** 제16-75호
- **등록일자** 1980. 5. 24
- **주　　소** 서울 강남구 논현동 107-38 남광빌딩
- **대표전화** (02)545-0040, 546-8332, 514-5978(영업부)
- **팩　　스** (02)545-8493
- **E-mail** jerubook@naver.com

- **기　　획** 정용한
- **편　　집** 김대훈
- **영　　업** 오승한

값 6,000원
ISBN 978-89-7210-537-4 03230